Renate Zimmer

Bewegung und Entspannung

Anregungen für die
praktische Arbeit mit Kindern

*Ruhe und Bewegung
sind keine Gegensätze,
sie ergänzen
sich gegenseitig.*

*Der beste Weg
zur Entspannung ist
die Erfüllung der
Bewegungsbedürfnisse
der Kinder.*

Renate Zimmer

Renate Zimmer

Bewegung und Entspannung

Anregungen für die

praktische Arbeit mit Kindern

FREIBURG · BASEL · WIEN

Gedruckt auf umweltfreundlichem, chlorfrei gebleichtem Papier

Umschlaggestaltung: R·M·E Roland Eschlbeck / Rosemarie Kreuzer
Umschlagfoto: Albert Josef Schmidt, Freiburg
Alle Fotos im Innenteil von Renate Zimmer

Alle Rechte vorbehalten – Printed in Germany
© Verlag Herder Freiburg im Breisgau · 2002
www.herder.de
Satz und Gestaltung: Büro MAGENTA, Freiburg
Druck und Bindung: fgb · freiburger graphische betriebe 2002
www.fgb.de

ISBN: 3-451-27919-3

Inhalt

Einleitung
  Leben in einer Stressgesellschaft – Überlebensstrategien
  für Kinder (und Erwachsene) 7

Wissenswertes zum Thema
  · 1 · Ruhe und Bewegung – Grundbedürfnisse von Kindern 9
  · 2 · Buden · Höhlen · Hängematten – Räume für Ruhe 12
         und Bewegung
  · 3 · Rahmenbedingungen für Entspannung und Bewegung . . . 19
  · 4 · Fantasiereise oder Tennisballmassage – Wie Kinder
         zur Ruhe kommen 25

Spielanregungen für den Alltag
  · 5 · Über Bewegung zur Ruhe finden 39
  · 6 · Tobespiele und Stilleübungen 52
  · 7 · Atemspiele 66
  · 8 · Spannung und Entspannung – die Balance finden 77
  · 9 · Wege zur Verbesserung der Wahrnehmung
         und Konzentration 89
  · 10 · Spielerische Massageübungen 102
  · 11 · Fantasiereisen und Traumstunden 114

Anhang
  · 12 · Literaturtipps 121
  · 13 · Musik zur Entspannung – Musik zur Bewegung 124

Einleitung

Leben in einer Stressgesellschaft – Überlebensstrategien für Kinder (und Erwachsene)

■ Konzentrationsschwäche, Hyperaktivität, Unruhe, Hektik und Stress – dies scheinen Symptome heutiger Kindheit zu sein. Darüber klagen Eltern, Erzieherinnen und insbesondere Lehrerinnen und Lehrer. Aber nicht nur Kindern, auch Erwachsenen fällt es heute oft schwer, zur Ruhe zu kommen, Zeit für Muße zu finden, eine Ausgewogenheit von Entspannung und Anspannung in ihrem Lebensalltag zu erreichen.

Tagtäglich sind wir einer Flut visueller und auditiver Reize ausgesetzt, Lärm umgibt uns im Alltag ständig, die Medien präsentieren die Welt in schnellen und rasch wechselnden Bildern, denen wir kaum noch folgen können. Die Verarbeitung dieser vielen Eindrücke und Informationen fällt vor allem Kindern schwer. Dabei sind Ruhe und Erholung – ebenso wie Aktivität und Bewegung – unabdingbar, um geistig und körperlich gesund zu bleiben, um die eigenen Kräfte entfalten und weiterentwickeln zu können und um die Aufmerksamkeit bewusst steuern zu können. Konzentration ist nur für denjenigen möglich, der innerlich zur Ruhe kommen kann. Aufmerksamkeit und Konzentration sind demnach nicht nur eine Frage des Geistes, sie müssen mit allen Sinnen, mit dem ganzen Körper eingeübt werden.

Kinder brauchen also Ruhe – aber Kinder brauchen auch Bewegung. Wenngleich es auf den ersten Blick so scheinen mag: Ruhe und Bewegung sind keine Gegensätze, vielmehr ergänzen sie sich gegenseitig. Aber weder für Bewegung noch für Ruhe gibt es im alltäglichen Leben ausreichend Gelegenheiten. Man findet diese Anlässe nicht mehr einfach vor, man muss sie (auf-)suchen und bewusst Raum dafür schaffen.

Ruhe und Bewegung stellen Grundbedürfnisse des Kindes dar, im Kindergarten (und auch in der Schule) sollten daher beide Bedürfnisse ausreichend berücksichtigt werden. Sowohl in der Ruhe als

auch in der Bewegung kann man die eigenen Kräfte spüren und entfalten, Energie erfahren und aufmerksam werden auf viele kleine Dinge, die einem sonst entgehen.

Hierzu bedarf es der Anregung und Begleitung durch die Erzieherin. Sowohl die räumlichen Bedingungen als auch die täglichen Angebote im Kindergarten können dazu beitragen, dass die Bewegungsbedürfnisse als Quelle des Lernens und der Erfahrung genutzt und gleichzeitig Wege zur Entspannung und Konzentration aufgezeigt werden. So können Kinder über Bewegung auch wieder zur Ruhe finden.

In diesem Buch sollen Anregungen zum bewussten Umgang mit Ruhe und Bewegung gegeben werden. Es enthält Spielideen, durch die Kinder Kraft schöpfen und auf Stress gelassener reagieren lernen, die Kindern helfen, die vielfältigen Eindrücke ihres Lebensalltags zu verarbeiten und ihr inneres Gleichgewicht wiederzufinden.

Die Angebote können Hilfen sein, um eine ausgeglichene Balance zwischen Bewegung und Ruhe, zwischen Anspannung und Entspannung herzustellen. Das Buch wendet sich an Erzieherinnen und Erzieher, an Lehrerinnen und Lehrer und an alle, die mit Kindern leben und arbeiten. Um den Text von umständlichen Formulierungen, von Schrägstrichen und großen »Is« zu verschonen, wird im beliebigen, unsystematischen Wechsel mal die weibliche, mal die männliche Sprachform verwendet. Immer sind gleichzeitig weibliche wie männliche Teilnehmer angesprochen (und wenn vom Wasserhahn die Rede ist, darf natürlich auch das Wasserhuhn mitmachen!).

Die Altersangaben bei den jeweiligen Spielvorschlägen sind nur als grobe Orientierungswerte zu betrachten, im Einzelfall können sie durchaus differieren.

Ruhe und Bewegung

Grundbedürfnisse von Kindern

■ Kinder brauchen Bewegung – aber Kinder brauchen auch Ruhe. Beide Elemente zählen zu den Grundbedürfnissen von Kindern, deren Erfüllung für eine gesunde Entwicklung unverzichtbar ist. Über Bewegung setzt sich das Kind aktiv mit seiner Umwelt auseinander, es wirkt auf sie ein und passt sich ihr an, dabei lernt es sich selber, aber auch seine Umwelt und ihre Gesetzmäßigkeiten, kennen. Hierzu bedarf es jedoch neben dem aktiven Handeln auch des Innehaltens, der Ruhe, des Wahrnehmens und des Bewusstwerdens.
Bewegung und Aktivität sind also für das Kind genauso wichtig wie Ruhe und Stille. Aktivität und Ruhe stehen in einer engen Beziehung zueinander. Es gilt, die richtige Balance zwischen beiden Polen zu finden. Dies ist im Alltag heute oft nicht mehr so einfach möglich: Kinder spüren die Folgen eines hektischen, ruhelosen Alltags. Sie wachsen in eine Gesellschaft hinein, in der Informationen jeder Art nahezu unbegrenzt erhältlich sind. Die modernen Medien stehen ihnen fast jederzeit zur Verfügung, und so nehmen sie – meist sitzend in körperlicher Unbeweglichkeit – eine Vielzahl an Eindrücken und Informationen auf. Jedoch fehlt ihnen die Möglichkeit, diese Eindrücke und Informationen auf der körperbezogenen Ebene zu verarbeiten. Dies führt zu einem Missverhältnis von äußeren Anforderungen und inneren Ressourcen. Häufig sind Stresssymptome wie Schlaflosigkeit, Nervosität oder Konzentrationsstörungen die Folge, es entstehen Unruhe und Rastlosigkeit, die das Kind nicht nur in seinem Verhältnis zu seiner Umwelt, sondern auch in seinen Entfaltungsmöglichkeiten beeinträchtigen. Oft ist es nicht aufnahmefähig für das, was in der Kindergartengruppe oder Klasse geschieht, für die Verarbeitung von Eindrücken, für die Kommunikation mit anderen Kindern und für jede Art von Lernen.

Mit Ruhe-Ritualen und Entspannungsübungen kann weder der Alltagsstress verringert, noch können die Lebensbedingungen der Kinder in ihrem sozialen Umfeld wesentlich beeinflusst werden. Worauf jedoch Einfluss genommen werden kann, ist die Art und Weise, wie die Kinder diesen Bedingungen begegnen: Der Umgang mit Stress kann erleichtert, Strategien der Bewältigung können eingeübt werden, die wohltuende Wirkung von Ruhe- und Stilleübungen wird in Ergänzung zu Bewegungsaktivitäten erlebt. Damit wird die Verarbeitung von Stresssituationen, der Abbau von Stressfaktoren erleichtert. Das Kind findet selbst Wege, damit umzugehen, bei Bedarf »abzuschalten«, sich eine »Auszeit« zu nehmen. So hat es die Chance, auf die vielfältigen Eindrücke und auf Belastungen nicht mit Überforderung, sondern mit Gelassenheit zu reagieren.

Entspannungsübungen können zwar nicht unmittelbar vorhandene Konzentrations- und Lernprobleme beseitigen; allerdings können sie die Vorbedingungen dafür schaffen, dass kognitives Lernen besser gelingt und dass Kinder Methoden kennen lernen, mit deren Hilfe sie sich besser konzentrieren können.

Kindergarten und Schule stellen wichtige Lebenskontexte der Kinder dar, in denen wesentliche Grundbedürfnisse wie Anerkennung und Zuwendung erfüllt sein müssen, damit Kinder mit Freude lernen und sich wohlfühlen. Aber auch Ruhe und Bewegung zählen zu den elementaren Bedürfnissen, die berücksichtigt und befriedigt werden wollen, wenn Lernen erfolgreich sein soll.

Dabei bedeutet Bewegung nicht sinn- und grenzenloses Herumtoben, ebenso wenig wie mit Ruhe absolute Stille und Geräuschlosigkeit gemeint ist (nur ja nicht die Erwachsenen stören!). Sich bewegen heißt vielmehr, sich aktiv mit der Umwelt auseinander zu setzen und dabei die eigenen Fähigkeiten und Kräfte steuern und situationsangemessen einsetzen zu lernen.

Kinder nehmen ihre Welt als eine Bewegungswelt wahr: Eine Treppe oder ein Podest werden zum Springen genutzt, die Bordsteinkante oder die Mauer fordern zum Balancieren heraus. Unermüdlich sind sie in ihrem Bedürfnis, die Welt mit ihrem Körper und mit allen Sinnen zu entdecken.

Um die vielen dabei gewonnenen Eindrücke aber wirklich verarbeiten zu können, ist hin und wieder auch ein »Innehalten« notwendig. Stille und Ruhe bieten die Möglichkeit, etwas zu entdecken, was ohne sie nicht wahrnehmbar ist. Hier können Kinder Erlebnisse haben, die sie in ihrem hektischen Alltag nicht vorfinden. Stille kann bereichern! Um dies zu erfahren, bedarf es jedoch einer geschützten Umgebung, eines Hinführens durch den Erwachsenen. Stille und Ruhe bieten die Voraussetzungen, um besser wahrnehmen zu können, um genau zu hören, differenzierter zu sehen und feinfühliger zu spüren. Die kleinen Dinge des Alltags, die sonst leicht verloren gehen, geraten ins Bewusstsein. In Entspannungssituationen ist ein in sich Hineinhören und -spüren möglich, die Körperwahrnehmung wird sensibilisiert. Über die körperliche Entspannung gelangt man zu einer psychischen Gelöstheit.

Entspannung hat darüber hinaus eine regenerierende Wirkung, nach einer Entspannungsphase fühlt man sich ausgeglichen, ruhig, mit neuer Kraft versehen.

Aber bevor von den Kindern Ruhe und Entspannung erwartet werden kann, müssen sie erst einmal ihrem Bewegungsdrang nachgeben können, sie müssen Gelegenheiten haben, ihren Körper lustvoll zu spüren, ihren Tatendrang auszuleben und voll Energie die Welt zu entdecken, sie mit allen Sinnen wahrzunehmen. Das Bedürfnis nach Ruhe stellt sich dann fast von alleine ein, es kann jedoch von den Erwachsenen noch unterstützt und durch Übungssequenzen und Spielideen begleitet werden.

Das bewusste Erleben von Bewegung, Aktivität und Dynamik auf der einen Seite und Ruhe, Stille und Entspannung auf der anderen Seite hilft den Kindern, zu sich selbst zu finden, sich bei Bedarf zu konzentrieren. Damit ist eine bessere Selbstkontrolle möglich, sie wird nicht von den Erwachsenen verlangt und angeordnet, sondern im Spiel als lustvoll erfahren und als Erweiterung der eigenen Möglichkeiten erlebt.

Ziel der in diesem Buch beschriebenen Anregungen ist das Erreichen einer Balance von Bewegung und Ruhe.

Kindergarten und Schule sollten eine Rhythmisierung des Tagesablaufs ermöglichen, Erzieherinnen und Lehrerinnen können Situationen anbieten, in denen ein Ausgleich zwischen Aktivität und Ruhe, zwischen Anspannung und Entspannung geschaffen wird. Dies kann Kinder u.U. dann auch befähigen, in kritischen Situationen angemessen auf verschiedene Anforderungen zu reagieren.

· 2 ·

BUDEN · HÖHLEN · HÄNGEMATTEN
Räume für Ruhe und Bewegung

■ Der Alltag im Kindergarten findet vorwiegend in Räumen statt. Diese Räume wirken sich auf das Verhalten der Kinder aus, auf ihr Empfinden, ihr soziales Miteinander, ihr Bewegungsverhalten, ihre Kreativität und ihre allgemeinen Handlungsmöglichkeiten. Räume sind also nicht einfach austauschbare, nach Quadratmetern berechenbare Flächen, sie stellen Schutz, aber auch Herausforderung, Hülle, sowie auch Erlebnisorte dar. Auch eine erziehende Funktion kann Räumen nachgewiesen werden, wobei diese die kindliche Entwicklung fördern, sie aber natürlich auch hemmen können. Räume können die Erziehung also unterstützen bzw. erschweren, sie können pädagogische Konzepte ermöglichen, diese aber auch verhindern.
Räume können Ruhe ausstrahlen oder Unruhe stiften, sie können belebend oder entspannend wirken, sie können Bewegung an-

regen, aber auch erschweren oder sogar behindern. Aber wie sehen die räumlichen Rahmenbedingungen in einem »durchschnittlichen« Kindergarten heute aus?

Oft spielt sich das ganze Leben in einem Raum ab: Sich verkleiden, Rollenspiele machen, bauen mit Klötzen, einer Geschichte zuhören, Bilderbücher anschauen, streiten und toben, träumen und malen, essen und trinken, auf der Werkbank hämmern – auf 50 Quadratmetern wird das Leben in Miniaturformat komprimiert. Aber bitte schön leise, nicht so schnell herumlaufen, aufpassen, dass man nirgendwo anstößt, nicht so wild, nicht so laut schreien ...

Raumerfahrungen von Kindern im Kindergarten sind bestimmt oft traumatische Enge-Erfahrungen. Wo kann man denn hier so richtig loslaufen, wo ist überhaupt noch ein freier Platz, wo kann man sich zurückziehen und auch einmal alleine sein?

Bauteppiche, Spiegelzelte, abgehängte Baldachine, Stellwände, Miniaturhäuser und natürlich eine Kuschelecke – jedes für sich ein schönes Erlebnis – aber wenn alles zusammen in einem Raum ist, wo bleibt da noch Platz für das Kind?

Leere Räume sind auch Lehrräume

Eine Begebenheit im Kindergarten: Der Maler war da, ein Gruppenraum wurde ausgeräumt und neu gestrichen. Gemeinsam mit den Kindern wollten die Erzieherinnen den Raum wieder einrichten. Die Möbel, Tische und Stühle wollten sie wieder hereinholen, alles an den alten Platz stellen. Anders die Kinder. Kaum hatten sie den leeren Raum betreten, fingen sie an zu rennen, von einer Ecke in die andere, hin und her, im Kreis und an der Wand entlang, machten kehrt und liefen wieder los. Sie schienen von der Weite des Raumes fasziniert zu sein, nahmen ihn körperlich in Besitz, breiteten beim Laufen die Arme aus, um die neu gewonnene Bewegungsfreiheit auszukosten. Sie schienen die Dimension des Raumes ganz neu zu entdecken. Der Raum war doch durch die Renovierung nicht größer geworden, an Quadratmetern hatte er nichts gewonnen, wohl aber an »Bewegungsquadratmetern«. Und an »Fantasiequadratmetern«. Denn hier musste man das Spielen neu erfinden. Keine Legos, keine Bausteine, keine Rollenspielecke. Alles raus. Und auf einmal kamen die quadratischen schwarzen und weißen Fliesen zum Vorschein. Vorher war der Raum so voll gewesen, dass die Kinder diese gar nicht bemerkt hatten. Jetzt wurden ruckzuck neue Spiele erfunden: nur auf einer Fliesenfarbe durch den Raum laufen, immer auf den schwarzen Fliesen bleiben, mit beiden Füßen von einem weißen Quadrat aufs andere springen, so viele Fliesen wie möglich überqueren, usw.

Am Rand standen ein paar Hocker, zwei Eimer und einige Stühle: Sie wurden in eine Reihe gestellt, es galt den Raum zu durchqueren, ohne den Boden zu berühren. Ein bei Kindern beliebtes Spiel – schon Pippi Langstrumpf bekannt. So wurden Spiele erfunden, für die vorher kein Platz war, weder im Raum noch in der Fantasie.

Die Erzieherinnen beobachteten das Verhalten der Kinder aufmerksam. Sie entschlossen sich, den Raum für einige Tage leer stehen zu lassen. Die Tür blieb offen, der Raum war für diese Zeit nichts als »Spielraum«. Er wurde von den Kindern als eine Art Ausweichraum für großräumige, viel Platz beanspruchende Spiele genutzt und dabei immer wieder mit wechselnden Bedeutungen versehen. Zeitweise war er Schlittschuhbahn: Auf Putztüchern und Staublappen, auf Socken und umgedrehten Teppichfliesen rutschten die Kinder über den glatten Boden, verlangten einen Kassettenrecorder und Musik, spielten »Eislaufhalle«. Dann wiederum wurden viele große Pappkartons aufgestellt. Wobei das Thema zunächst »Hausbau« hieß, wenig später jedoch alle Pappkartons in einer Reihe als Eisenbahn mit vielen Waggons dienten. Auffallend war aber auch, dass die Kinder bald anfingen, in den Ecken »Buden« zu bauen: Aus Kartons, Matratzen und Decken richteten sie sich kleine Höhlen her, in die sie sich zurückzogen oder von denen aus sie sich am Spiel der anderen beteiligten. So entstand ein »Raum im Raum«, der ihnen bei Bedarf Rückzugsmöglichkeiten bot.

Als der Gruppenraum dann wieder eingerichtet wurde, geschah dies ganz behutsam und sparsam – unter Mitwirkung der Kinder:

Welche Möbelstücke sollten wirklich rein, was war eigentlich nur störend und nahm viel Platz weg? Die Anzahl der Stühle und Tische wurde deutlich reduziert, so dass mehr freie Spielfläche blieb.

Dieses eindrucksvolle Beispiel zeigt, dass bereits durch die Raumgestaltung das Spielen der Kinder beeinflusst wird. In dem leeren Raum schafften sich die Kinder die Voraussetzungen für das Spielen selber, dabei kamen sowohl Bewegungs- als auch Ruhebedürfnisse auf und wurden von ihnen selbst durch entsprechende Raum- und Gerätearrangements zufriedengestellt.

Vor dem Hintergrund dieser Überlegungen wird deutlich, was für Räume Kinder brauchen.

Kinder brauchen Räume,
- in denen sie sich geborgen fühlen,
- in denen sie ihrem Spiel eine eigene Bedeutung geben können,
- in denen sie anderen begegnen können,
- die sie verändern und gestalten können,
- in denen es etwas zu entdecken gibt,
- in denen sie sich bewegen können,
- in denen sie Ruhe finden,
- in denen sie ihre Sinne entfalten können,
- die Platz lassen für die eigene Individualität, für Neugierde und Entdeckungen,
- die ihnen Begrenzungen und Halt geben,
- die ihnen die Freiheit der eigenen Spielentscheidungen lassen.

Wichtig ist, dass Kinder ihre Räume im Kindergarten nicht als fertig und unveränderbar erleben, von Erwachsenen perfektioniert und vorbestimmt. Vielmehr sollte die Gestaltung der Flächen so flexibel sein, dass die Kinder noch Möglichkeiten zur eigenen Gestaltung vorfinden.
Räume können Raum geben, Räume können aber auch einengen. Für kleine Kinder scheinen auf den ersten Blick kleine Räume ausreichend zu sein. Doch gerade sie entdecken den Raum über

Bewegung, sie benötigen Spielraum, um ihre Fähigkeiten weiterentwickeln zu können.

Wenn in einem zu kleinen Raum zu viele Kinder gleichzeitig spielen sollen, kommt es notgedrungen zu Konflikten. Die unterschiedlichen Spielbedürfnisse kollidieren miteinander, es kommt zu Streit und Aggressionen.

Hier ist zusätzlicher Spielraum notwendig. Entweder außerhalb des Gruppenraums, durch Nutzung bisher vielleicht den Kindern weniger zugänglichen Flächen oder innerhalb des Gruppenraums, durch Schaffen neuer Raumebenen: Hängematten oder ein großes Schaukeltuch – mit stabilen Haken an der Decke befestigt – erzeugen Zonen der Ruhe und der Stille und ermöglichen intensive sensorische Erlebnisse.

Um den unterschiedlichen Bedürfnissen der Kinder gerecht zu werden, sollten Räume für Kinder ...

- Ecken, Nischen und Höhlen haben, in die sie sich zurückziehen können;
- verschiebbare Elemente (Raumteiler etc.) besitzen, die die Kinder selbst umstellen können, um so neue, kleinere Raumeinheiten zu schaffen;
- multifunktional eingerichtet sein, also Tische haben, an denen gegessen und gemalt, auf denen aber auch geklettert werden kann oder die als Höhle genutzt werden können.

Um das Bewegungs-, aber auch das Ruhebedürfnis der Kinder gleichermaßen berücksichtigen zu können, bedarf es einer flexiblen Raumgestaltung. Oft sind dafür nur ein paar einfache Hilfsmittel nötig: z.B. können kleine Teppiche oder Isoliermatten von den

Kindern nach Belieben irgendwo im Raum ausgerollt werden, um neue Spielflächen zu erschließen. So lassen sich auch vorhandene Ecken zum Bauen oder für andere gemeinsame Aktivitäten vergrößern, wenn viele Kinder sich daran beteiligen wollen.

Eine solche Raumgestaltung ermöglicht es den Kindern, selbst aktiv mitzuwirken, Spielbereiche abzutrennen oder zu vergrößern, sie aktuellen Spielinteressen anzupassen.

Dabei beziehen sich diese Vorschläge keineswegs nur auf den Gruppenraum. Flur, Eingangshalle und Garderobenecken sind ebenfalls Spielräume, die – bei entsprechender Gestaltung – die Bewegungs- und Sinneserfahrungen der Kinder erweitern und den Geräuschpegel im Gruppenraum erheblich senken können.

So können Garderobennischen mit Matratzen, Schaumstoffteilen, Kissen und Tüchern ausgelegt und zu einer Bau- und Tobeecke umgebaut werden. Hier werden Buden gebaut, die Matratzen zum Trampolinspringen genutzt, hier haben wilde Kissenschlachten Platz, aber genauso gut können die Kinder danach auf den Matratzen wieder zur Ruhe kommen.

Raumecken können als Entspannungsinseln gestaltet werden: Sie werden z.B. mit Schaumstoffelementen und -matratzen ausgekleidet, an der Decke wird an einem Haken ein Moskitonetz aufgehängt. In die entstandene Höhle kommen Decken, Kissen und große weiche Kuscheltiere. So entsteht eine Ruhezone zum Bilderbuchbetrachten, zum Träumen, für Rollenspiele und um sich zurückzuziehen. In solchen Buden oder Höhlen richten die Kinder sich Kuschelecken ein oder sie gestalten sich selbst eine »Ruheecke«. Hier können sie sich von den Geräuschen und von den Aktivitäten der Gruppe abschirmen, zur Ruhe kommen oder einfach »in den Tag träumen«.

In jeder Einrichtung sollte es für Kinder einen speziellen Raum für Bewegungsangebote (Bewegungsraum, Turnhalle) geben, ausreichend groß und mit Bewegungsgeräten ausgestattet (Schönrade 2001, Zimmer 2002, 202 ff.). Ebenso ist zu überlegen, ob nicht auch ein entsprechender Ruheraum geschaffen werden kann. Ein Beispiel hierfür ist der »Snoezelraum«, ein Raum, in dem das Abschalten von der unüberschaubaren Vielfalt an Reizen, die im Alltag auf die Kinder einströmen, erleichtert und in dem die intensive Konzentration auf das sinnliche Erleben unterstützt wird. Der Begriff »Snoezelen« (sprich »snuselen«) stammt aus dem Holländischen und ist eine Kombination aus den Wörtern »snuffelen«, d.h. schnüffeln, schnuppern und »doezelen«, d.h. dösen, schlummern. In einer stimmungsvollen Atmosphäre (gedämpftes Licht, leise, meditative Hintergrundmusik) werden in einem Snoezelraum alle Sinne in einer ganz spezifischen Weise angesprochen, um Entspannung und Wohlbefinden zu vermitteln. Hier steht das passive Genießen, das »Auf sich wirken lassen« der Sinnesreize im Vordergrund. Der Ruheraum wird durch seine Einrichtung und Atmosphäre (weiche Schaumstoffmatten, meditative Musik, sanfte Farb- und Lichtspiele) sowohl für Kinder als auch für Erwachsene zum Erlebnis, das Gefühl von Ruhe und Geborgenheit wird unterstützt. Eine einheitliche Farbgebung (meist weiß) sorgt für eine neutrale, wenig ablenkende Umgebung, in der jeweils eigene Akzente für die Sinneswahrnehmung gesetzt werden können.

Manche Kindergärten und Schulen haben einen solchen Snoezelraum in Eigenarbeit, gemeinsam mit Eltern und Kindern, gebaut und hierfür Kellerräume oder bisher nicht genutzte Abstellräume umfunktioniert (vgl. Brehmer 1994, Zimmer 1999).

Neben den Entspannungsspielen, die mit den Kindern in diesen Räumen durchgeführt werden, tragen die räumlichen Voraussetzungen selbst dazu bei, dass Kinder von sich aus zur Stille finden.

· 3 ·

Rahmenbedingungen für Entspannung und Bewegung

■ Obwohl Ruhe und Bewegung zu den elementaren Bedürfnissen der Kinder zählen, lassen sie sich nicht einfach anordnen und für alle verbindlich vorschreiben. Bewegungszeiten können zwar eingeplant werden, aber man kann nicht allen Kindern gleichermaßen Bewegung »verordnen«. Auch zur Entspannung kann man nicht gezwungen werden! Auf Befehl kann man zwar »den Mund halten«, aber nicht wirklich ruhig werden. Wenn Kinder sich nicht an Bewegungs- bzw. Ruheübungen beteiligen wollen, sollten sie auch nicht dazu überredet werden. Es gilt vielmehr die Lust zur Teilnahme zu wecken.

Die Erzieherin sollte außerdem versuchen, einen guten Ausgleich zwischen den Gelegenheiten für Bewegungserfahrungen und solchen Erfahrungen, die der Entspannung dienen, zu schaffen. Insbesondere Ruhespiele und Entspannungsübungen sind leicht störanfällig. Nicht immer können sich Kinder ohne Probleme darauf einlassen. Im Folgenden sollen daher einige Rahmenbedingungen genannt werden, die zum Gelingen beitragen können.

Angenehme Atmosphäre schaffen

Entspannungsübungen sollten nicht als Last, sondern als Lust empfunden werden. Dies sollten die Kinder schon an dem dafür vorgesehenen Raum erkennen können. Der Raum sollte eine gemütliche Atmosphäre haben, mit Decken und Matten, Kissen und Polstern ausgestattet und in angenehmen Farben gestaltet sein. Viele Einrichtungen werden keinen speziellen Entspannungsraum zur Verfügung haben. Dann sollte zumindest eine kleine Entspannungsecke im Gruppenraum entsprechend hergerichtet werden. Vielleicht lässt sich auch ein Kellerraum zum Ruheraum umfunktionieren.

Entspannungsübungen in einem Durchgangsraum, in der Eingangshalle oder einem von allen Seiten einsehbaren Bewegungsraum durchzuführen ist problematisch. Hier sind zu viele Störfaktoren gegeben, die Kinder werden abgelenkt von lauten Geräuschen, von Zuschauern, vom »Durchgangsverkehr«. Zumindest sollte für die Ruheübungen eine Nische aufgesucht werden, in der die Gruppe von Außengeräuschen und den Blicken der anderen abgeschirmt ist.
Der Raum sollte ausreichend warm sein. Bei vorgeschalteten Bewegungsphasen ist dieser Aspekt nicht von so großer Bedeutung, da die Kinder sich hier bereits durch die Bewegung aufgewärmt haben.
Für jedes Kind sollte eine Unterlage (Decke, Kissen, Matte, Schwungtuch) vorhanden sein.

Musik im Hintergrund

Ruhige Musik kann den Entspannungsprozess unterstützen. Rhythmisierte Musik wirkt dagegen aktivierend und belebend.

Musik kann zur Schaffung einer ruhigen Atmosphäre beitragen. Einerseits kann sie selbst beruhigend wirken, andererseits kann sie aber auch für einen ruhigen Hintergrund sorgen und zum Dämpfen eventueller Nebengeräusche dienen. Keineswegs sollte die Musik zu laut sein.
Kinder, aber auch Erwachsene, können manchmal Phasen der Ruhe besser genießen, wenn diese mit Musik »gefüllt« sind.
Musikvorschläge für Ruhe und für Bewegung sind im Anhang zusammengestellt.

Orientierung an den Bedürfnissen der Kinder

Ob Entspannungsphasen in Verbindung mit Bewegungsstunden geplant oder aber unabhängig davon in den Tagesablauf integriert werden, sie sollten immer auf die situativen Bedürfnisse der Kinder abgestimmt sein.
Es ist nicht sinnvoll, eine Bewegungsstunde mit Entspannungsübungen zu beginnen. Wenn die Kinder voller Bewegungsdrang und Dynamik in den Bewegungsraum stürmen, wollen sie zunächst einmal Gelegenheit haben, aktiv zu sein und all ihre Kräfte einzusetzen. Empfehlenswert ist es, Bewegungs- und Ruhezeiten abzuwechseln – so wie es auch die meisten Beispiele in diesem Buch vorsehen – oder aber am Ende einer Bewegungsstunde eine Entspannungsphase einzulegen. So können die Kinder auch nach einer aufregenden, spannenden Bewegungsstunde wieder zur Ruhe kommen und sich anschließend anderen, konzentrierteren Betätigungen zuwenden.
Entspannungsübungen können natürlich auch unabhängig von Bewegungseinheiten durchgeführt werden. Dies bietet sich an, wenn z. B. im Rahmen offener Kindergartenarbeit die Kinder

ohnehin einen sehr großen Spielraum für freie Bewegungsaktivitäten haben.

Will die Erzieherin eine spezielle Entspannungseinheit mit den Kindern durchführen, will sie diese vielleicht sogar regelmäßig in den Tagesablauf einbetten, so ist es auch in diesem Fall hilfreich, zunächst mit einem Bewegungsspiel zu beginnen, damit das Bedürfnis nach Ruhe bei den Kindern selbst entsteht.

Problematisch ist es allerdings, Entspannungsübungen für feste Zeiten einzuplanen. Sie sollten dann eingesetzt werden, wenn die Kinder ein deutlich erkennbares Bedürfnis danach haben, wenn es die äußere Situation ermöglicht oder sogar verlangt (z.B. wenn die Kinder sehr unruhig, aggressiv oder unausgeglichen sind) oder wenn ein Übergang zu ruhigeren Betätigungen geschaffen werden soll. Niemals sollten Kinder aber aus ruhigem, konzentrierten Spielen herausgerissen werden, um eine Entspannungsübung durchzuführen.

Freiwilligkeit der Teilnahme

Manche Kinder lieben Entspannungsphasen, andere reagieren sofort mit Abwehr, wenn sie nur den Begriff »Stille« hören. Wenn ein Kind sich weigert, an den Entspannungseinheiten teilzunehmen, sollte man ihm die Möglichkeit lassen, diese von außen zu begleiten, passiv mitzumachen, sich an den Rand zu setzen und einfach einmal zuzuschauen. Manchmal ist es sogar möglich, diese Kinder in die Entspannungsübungen selbst einzubeziehen, indem sie kleinere Aufgaben übernehmen (z. B. Tankwart bei der »Autopolierstation«, S. 107).

Oft sind es gerade die unruhigen Kinder, für die die Entspannungsübungen eigentlich gedacht sind (»Das würde ihnen doch so gut tun«), die diese dann aber nicht annehmen. Selbstverständlich sollte auch für sie die Teilnahme immer freiwillig sein. Wenn Kinder Ruhe und Stille als einen positiven Zustand empfinden, aus dem sie Kraft schöpfen und neue Energie tanken, dann werden sie von sich aus den Wunsch nach »Pausen« äußern.

Der beste Weg zur Entspannung ist die Erfüllung der Bewegungsbedürfnisse.

Wenn die Kinder sich austoben, sich intensiv bewegen und motorisch betätigen konnten, werden sie sich gerne auf Ruhe und Stille einlassen. Eine Entspannungsphase wird von ihnen dann als eine willkommene »Auszeit« angenommen.

Regeln und Rituale

Entspannungsübungen können von Kindern besser eingeschätzt werden, wenn sie mit bestimmten Ritualen verbunden sind. So kann es hilfreich sein, die Entspannungsübungen immer in einem bestimmten Raum bzw. an einem bestimmten Ort des Bewegungs- oder des Gruppenraums durchzuführen, sie immer mit demselben Musikstück einzuleiten oder ein Schwungtuch als Unterlage zu benutzen. Rituale geben Kindern Sicherheit, sie schaffen Vertrauen. Die Kinder wissen, worauf sie sich einlassen.

Zu Beginn der Entspannungseinheiten sollten Regeln besprochen werden, die den Kindern einsichtig sind und unbedingt eingehalten werden müssen.

Dazu gehören (wie zuvor bereits erwähnt):
- Die Teilnahme ist freiwillig, wer sich aber entscheidet mitzumachen, muss bis zum Schluss dabeibleiben.
- Teilnehmen kann man auch, indem man sich ruhig an den Rand setzt.
- Während der Entspannungs- und Ruheeinheiten sollte nicht gesprochen werden.
- Alle bleiben so lange ruhig liegen, bis das Signal zum Aufstehen gegeben wird.

Selber Ruhe bewahren

Ruhe wird nicht nur von der Umgebung, sondern auch von den Menschen ausgestrahlt. Eine Erzieherin, die selbst voller Hektik und Unruhe ist, wird diese Stimmung schnell auf die Kinder übertragen. Deswegen gilt bei allen Bewegungs- und besonders bei den Entspannungsübungen (wie auch sonst im Kindergartenalltag): Gelassenheit und Ruhe bewahren.

Eine schrille Stimme, Schimpfen und Schreien werden ein Problem nicht lösen, sondern eher noch verstärken. Dagegen tragen Gelassenheit, Ruhe und Humor eher dazu bei, dass ein Kind sich in einem Konflikt oder einer als ausweglos empfundenen Situation wieder beruhigt.

Zu guter Letzt, was auch nicht vergessen werden darf: Auch bei Ruhe- und Stilleübungen sind Lachen und Fröhlichsein nicht nur erlaubt, sondern sogar erwünscht. Sie stören die Ruheübungen nicht, sondern sind Ausdruck des Wohlbefindens der Kinder und der Erzieherin.

Humor ist das beste Mittel, um mit Ängsten und Stress umzugehen. Über sich selbst lachen zu können, aber auch einen anderen zum Lachen zu bringen, wirkt spannungslösend und entkrampfend.

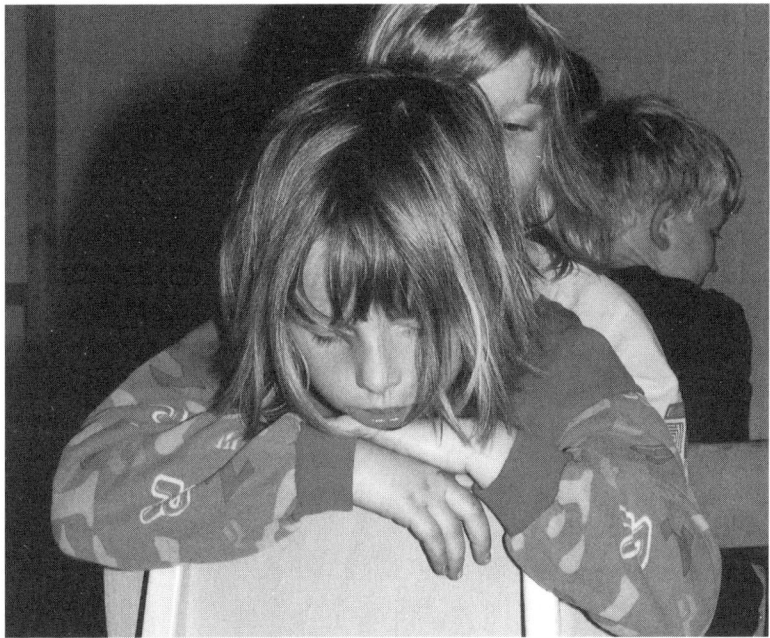

· 4 ·

Fantasiereisen oder Tennisballmassage?

Wie Kinder zur Ruhe kommen

■ Der »Markt« der Entspannungs- und Ruheangebote boomt. Meditation, Mandalas oder Yoga, Traumgeschichten oder Tennisballmassage – kaum ein Fortbildungsprogramm, das ohne sie auskommt und kaum eine Buchhandlung, die nicht ein großes Angebot an Elternratgebern bereithält. Auch Pädagogen fragen sich, wie sich die verschiedenen Verfahren denn nun unterscheiden und ob sie überhaupt schon bei Kindern einsetzbar sind. Wie wirken sie und was wird bei Kindern durch sie ausgelöst, welche Voraussetzungen und eigene Erfahrungen müssen bei den Erwachsenen vorhanden sein, damit sie Entspannungs- und Ruheangebote bei Kindern anwenden können?

Da das Angebot an Ruheübungen und Entspannungsempfehlungen inzwischen unüberschaubar geworden ist, soll im folgenden Kapitel ein Überblick über die wesentlichen Merkmale und die Wirkfaktoren von Entspannungsverfahren gegeben werden.

Der Prozess der Entspannung ist kein mystischer Vorgang, bei dem übersinnliche Kräfte eine Rolle spielen. Es ist vielmehr ein natürlicher Prozess, bei dem mehr oder weniger willkürlich bzw. bewusst Veränderungen auf körperlicher, psychischer und auf der Verhaltensebene ausgelöst werden können. Manche Menschen können sich intuitiv entspannen, indem sie z.B. ein Buch lesen, sich in die Badewanne legen, Musik hören oder einen Spaziergang machen, andere bedürfen bestimmter Methoden und Techniken, um sich gezielt und bewusst entspannen zu können. Durch Üben lässt sich die Fähigkeit zur Entspannung verbessern, so dass auch in Stress-Situationen darauf zurückgegriffen werden kann.

Entspannung kann als Zustand der physischen und psychischen Gelöstheit beschrieben werden, sie bewirkt Gelassenheit und Wohlbefinden und ist mit einer positiven Grundstimmung verbunden.

Es gibt unterschiedliche Methoden, sich zu entspannen, wobei allen Verfahren gemeinsam ist, dass sie mit einer Intensivierung der Wahrnehmung, insbesondere der Körperwahrnehmung (darunter versteht man die Fähigkeit, Befindlichkeiten und Veränderungen im Körper wahrzunehmen) einhergehen.

Im Folgenden sollen die wichtigsten Entspannungsverfahren kurz dargestellt werden. Dabei werden nicht nur die physiologischen und psychologischen Wirkungen beschrieben, es werden insbesondere die Einsatzmöglichkeiten und die Besonderheiten in der Praxis mit Kindern angesprochen.

Entspannungsverfahren können folgenden Hauptgruppen zugeordnet werden:

Den imaginativen Verfahren, den körperbezogenen Verfahren und den kognitiven Verfahren.

Entspannungsverfahren für Kinder		
Imaginative Verfahren	Körperbezogene Verfahren	Kognitive Verfahren
■ Fantasiegeschichten ■ Traumreisen	■ Progressive Muskelentspannung ■ Spielerische Körpermassage	■ Autogenes Training ■ Meditation

Imaginative Verfahren arbeiten mit Bildern und Vorstellungen, dazu gehören z. B. Fantasiegeschichten oder Traumreisen. *Körperbezogene Verfahren* setzen am unmittelbaren sensorischen Erleben an, taktil-kinästhetische Wahrnehmungsprozesse werden durch eine bewusste Anspannung und Lockerung bestimmter Muskelgruppen (Progressive Muskelrelaxation) oder durch Massageübungen ausgelöst. Bei den *kognitiven Verfahren* sind die Entspannungsprozesse kognitiv gesteuert (Autogenes Training, Meditation).
In der Praxis werden die einzelnen Verfahren manchmal auch miteinander vermischt. Für Kinder sind am ehesten körperbezogene Verfahren, die u.U. mit imaginativen Vorgehensweisen verknüpft werden, geeignet.

Eine Unterscheidung der Verfahren ist auch aufgrund der Form, der Art und Weise, wie die Instruktionen bei den Entspannungsübungen gegeben werden, möglich. Hier gibt es Verfahren, bei denen die Anweisungen von außen gegeben werden (fremdinstruktive Verfahren) und solche, bei denen sich die Person selbst Anweisungen gibt (selbstinstruktive Verfahren). Typisch für die Fremdinstruktion sind z. B. Fantasiegeschichten, die Kindern erzählt werden. Als Beispiele für selbstinstruktive Verfahren sind die Meditation oder die progressive Muskelentspannung zu nennen.
Ein weiteres Unterscheidungskriterium ist der Grad der Beteiligung der Personen, die sich entspannen. Eine aktive Beteiligung ist bei der progressiven Muskelentspannung gegeben, hier muss die Person selbst etwas tun. Das Autogene Training dagegen kann als

passiv eingestuft werden, da die Entspannung sich eher auf der Vorstellungsebene abspielt.

Schließlich können die Verfahren auch anhand ihrer Wirkungszugänge klassifiziert werden: Zu den imaginativen Verfahren gehören die Fantasiegeschichten, zu den sensorischen die progressive Muskelentspannung und zu den kognitiven das Autogene Training oder die Meditation.

Entspannungsverfahren	Zugang	Beteiligungsgrad	Instruktion
Autogenes Training	kognitiv	passiv	selbstinstruktiv
Progressive Muskelentspannung	sensorisch	aktiv	selbstinstruktiv
Fantasiegeschichten	imaginativ	aktiv / passiv	fremdinstruktiv
Spielerische Körpermassage	sensorisch / imaginativ	passiv	fremdinstruktiv

Die wichtigsten Entspannungsverfahren werden hier kurz beschrieben.

Autogenes Training

Das bekannteste und in Deutschland auch älteste Entspannungsverfahren ist das Autogene Training. Es stammt von dem Psychiater und Neurologen J. H. Schultz, der es in den zwanziger Jahren in Berlin entwickelte (Schultz 1973). Er leitete aus der Hypnose eine Technik ab, die es ermöglicht, selbständig die Effekte herbeizuführen, die bei einer Hypnose entstehen. Da die Wirkungen durch die eigene Vorstellung hervorgerufen werden, zählt man diese Methode zu den so genannten »suggestiven Verfahren«.

Das Autogene Training basiert auf Selbstinstruktionen, das heißt dass dem Übenden bestimmte Formeln, wie z.B. »Mein rechter Arm ist schwer«, vorgegeben werden, die er anschließend selbst

mehrmals wiederholt. Durch diese Wiederholungen werden physiologische Veränderungen hervorgerufen. Hinzu kommen unterstützende Formeln, wie z.B. »Ich bin ganz ruhig«. Sie werden zu Beginn der Entspannungsübungen formuliert.
Über innere Bilder und Vorstellungen wird Einfluss auf das vegetative Nervensystem genommen. Die Herz- und Atemfrequenz wird gesenkt, die peripheren Hautgefäße werden erweitert. Dadurch tritt das Gefühl von Wärme und Schwere ein, die Muskelspannung wird gesenkt.
Das Autogene Training ist nicht ohne Anleitung durch einen erfahrenen Lehrer zu erlernen und in seiner Grundform auch nicht ohne weiteres bei Kindern anwendbar. Es gibt jedoch eine Reihe von Modifikationen, die die Anwendung bei Kindern ermöglichen (vgl. Müller 1995, Rücker-Vogler 2000).
Hier sind vor allem Fantasiegeschichten zu nennen, die Kinder zu einem tiefen Entspannungs- und Ruheerlebnis führen können.

Yoga

Yoga ist eine aus Indien stammende Übungsmethode, durch die der Mensch erlernen kann, seine Sinne, seine Gedanken, sich selbst besser auf seinen Körper zu konzentrieren.
Bewusst wird ein Wechsel zwischen Bewegung und Ruhe, Haltung und Gegenhaltung, Dehnen und Komprimieren, Anspannung und Entspannung angestrebt. Damit sollen Verspannungen beseitigt und die Fähigkeit des Körpers zur Selbstregulation unterstützt werden.
Die Körperübungen werden im Yoga als »Asanas« bezeichnet, sie sind eng mit Atemübungen verbunden und beinhalten sowohl Dehnungs- als auch Kräftigungsübungen.
Es gibt »Asanas« zur Kräftigung der Wirbelsäule, der Muskulatur und der Gelenke, sie haben bildhafte Bezeichnungen (wie z.B. das »zusammengerollte Blatt« oder die »Katze«), durch die Kinder ein konkretes Bild von der einzunehmenden Körperhaltung und -bewegung bekommen. Gleichgewichtshaltungen (z.B. der »Baum«

oder die »Standwaage«) fördern die Konzentrationsfähigkeit und schaffen ein Bewusstsein für den Zusammenhang von emotionaler Stabilität und Körperhaltung.

Die Atemübungen sollen zu einer gesunden, natürlichen Atmung führen, wobei es nicht nur um die optimale Aufnahme von Sauerstoff, sondern auch um den »freien, ungehinderten Atemfluss« geht (Rücker-Vogler 2000, S. 34 ff.).

Yoga war zunächst eine Übungsmethode für Erwachsene; in der Zwischenzeit haben jedoch viele Yogalehrer und -lehrerinnen Wege entwickelt, wie die Übungen auch mit Kindern durchgeführt werden können (vgl. Rücker-Vogler 2000).

Meditation

Auch die Meditation kann ein Weg zur Entspannung sein (vgl. Gruber/Rieger 2002). Der Begriff Meditation kommt aus dem Lateinischen und bedeutet »innere geistige Sammlung«, besinnliches Nachdenken über etwas. Meditation ist meist durch einen philosophisch-religiösen Hintergrund geprägt.

Es gibt unterschiedliche Formen der Meditation, so z. B.:

- **Bildmeditation:** das Betrachten eines Bildes, eines Kunstwerks oder einer Landschaftsaufnahme lenkt die Gedanken, es dient als Einstieg in die Meditation; die visuelle Wahrnehmung wird intensiviert, der Blick nach innen wird durch das Ruhen des Auges auf einem Objekt erleichtert.
- **Mandala-Meditation:** der Kreis ist das Symbol für die Unendlichkeit. Geometrische Muster, Formen und Figuren sind kreisförmig angeordnet, sie führen zu einem Mittelpunkt. Das Mandala ist ein Symbol für die »innere Sammlung«, der Weg wird von außen nach innen geleitet. Mandalas können nur betrachtet oder aber gestaltet (ausgemalt oder selbst erstellt) werden.
- **Klangmeditation:** als Klänge werden natürliche Geräusche, wie z. B. das Rauschen eines Baches, genutzt, oder es werden künstliche Klanggeber, wie z. B. eine Klangschale oder Musik-

instrumente, eingesetzt. Die Töne und Klänge beruhigen, gleichzeitig wird aber auch durch das Hören das Sich-Öffnen nach innen unterstützt. Das Mitgehen mit dem immer leiser werdenden Ton soll die Hinwendung nach innen erleichtern.
- **Meditation durch Bewegung:** Die Bewegungen werden sehr langsam und bewusst ausgeführt, um sich auf die inneren Kräfte besinnen zu können.

Die Progressive Muskelrelaxation

Bei der Progressiven Muskelrelaxation (Entspannung durch Muskelanspannung) handelt es sich um ein Verfahren, das von dem Psychologen Edmund Jacobsen entwickelt wurde. Er hatte festgestellt, dass alle emotionalen Erregungszustände und durch Stress, Angst oder Nervosität bedingte Anspannungen eine Erhöhung des Muskeltonus (der Muskelspannung) bewirken. Daraus folgerte er, dass sich eine Entspannung der Muskulatur auch günstig auf die Psyche und die emotionale Grundstimmung auswirken müsse.
Die Übungen der Progressiven Muskelrelaxation zielen daher darauf ab, die einzelnen Muskelgruppen (Arme, Beine, Rumpf etc.) zunächst systematisch anzuspannen und dann nach einigen Sekunden wieder loszulassen. Durch den Kontrasteffekt spürt der Übende deutlich den Unterschied zwischen angespannter und entspannter Muskulatur, er merkt, dass er ihn willentlich hervorrufen kann. Nach längerer Übungszeit soll der Übende dann so sensibilisiert werden, dass er auch im Alltag spürt, wenn bestimmte Muskelgruppen evtl. unnötig angespannt sind, er kann sie dann willentlich entspannen.
Die Aufforderungen zu bestimmten Entspannungsübungen werden zwar zunächst von einem Übungsleiter vorgegeben, Ziel ist jedoch, dass der Übende lernt, sich selbst durch die Übungen zu entspannen, ohne Hilfe von außen.
Die Progressive Relaxation ist ein aktives Verfahren, d. h. dass anstelle der Vorstellung (Suggestion, Einreden) das aktive Tun im Vordergrund steht. Wird die Entspannung erlebt, so lernt die

Person, die eigene Anspannung und Entspannung zu regulieren. Für Kinder kann die Methode der Progressiven Muskelrelaxation gut in Spielideen mit Vorstellungshilfen eingebunden werden (siehe Kap. »Spannung und Entspannung – die Balance finden«). Diese Methode ist auch ohne professionelle Anleitung sowohl von Erzieherinnen als auch von Kindern leicht zu erlernen. Durch die gezielte Anspannung und die nachfolgende Lockerung von bestimmten Muskelgruppen kommt es insbesondere wegen des bewussten Erlebens des Kontrastes zu intensiven Entspannungsempfindungen. Damit ist auch eine verstärkte Körperwahrnehmung und ein besseres Körperbewusstsein möglich.

Fantasiereisen / Imaginative Verfahren

Bei den Fantasiereisen handelt es sich um Geschichten, Vorstellungsbilder oder Situationsschilderungen, die von einem Erwachsenen erzählt werden und die Fantasie der Kinder anregen sollen. Auf diesem Weg sollen sie in eine Welt der Ruhe und Gelassenheit geführt werden. Die imaginäre Reise geht in reale, den Kindern meist bekannten Welten (z. B. auf eine Wiese, an einen rauschenden Bach, an einen Sandstrand am Meer) oder aber in fantastische Welten (z. B. auf einem Teppich zu den Wolken oder auf einen Stern fliegen).

Fantasiereisen können den »imaginativen Verfahren« zugeordnet werden: Die Kinder stellen sich die vorgegebene Situation vor, lassen sie auf sich wirken, schlüpfen in bestimmte Rollen hinein und können die Situation in ihrer eigenen Fantasie weiterentwickeln. Auf diesem Weg können physiologische Entspannungswirkungen (Reduzierung der Muskelspannung, tiefere Atmung etc.) erreicht werden.

Es gibt unterschiedliche Varianten der Fantasiereisen:
1. Die Fantasiegeschichten werden erzählt, die Kinder sind allerdings nicht aktiv in die Instruktionen und beschriebenen Spielhandlungen einbezogen. Sie verfolgen die Geschichte lediglich

in ihrer Vorstellung (z.B. »im warmen weichen Sand liegen, dem Rauschen der Blätter lauschen, das warme Wasser auf der Haut spüren usw.«).
2. Alternativ zu dieser Form gibt es Fantasiegeschichten, bei denen die Kinder in die Handlungen eingebunden werden (z. B. »Du steigst in das Boot und lässt dich sanft auf dem Wasser gleiten; das Boot schaukelt dich hin und her usw.«). Hier ist zwar keine unmittelbare aktive Beteiligung der Kinder möglich, die Kinder nehmen sich jedoch in ihrer Vorstellung als aktiv Teilnehmende wahr. Zu dieser Art von Fantasiegeschichten gehören z.B. die »Kapitän-Nemo-Geschichten«, die von Petermann (2001) für Kinder mit Verhaltensauffälligkeiten beschrieben werden. Sie stellen eine Kombination von imaginativen und kognitiven Verfahren dar und haben das Ziel, ängstliche Erregung und motorische Unruhe abzubauen.

Körpermassage/Sensorische Entspannungsverfahren

Auch Berührung kann entspannend wirken. Von der medizinischen Massage weiß man, wie hilfreich sie bei Muskelverspannungen ist und wie wohltuend sie auf Körper und Seele wirken kann.

Spielerische Massageübungen haben nichts mit der medizinischen Massage zu tun, sie wirken eher unspezifisch und tragen zu psycho-physischem Wohlbefinden bei. In Partnerarbeit kann der Körper des anderen mit einem Medium, z.B. einem Tennisball, massiert werden, sanfte Berührungen sind aber auch bei »Rückenrätseln oder -malereien« möglich.

Durch die Berührung und den sanften Druck auf die Haut wird eine sensorische Stimulation erzeugt, die ein angenehmes, wohliges Gefühl erzeugt und entspannend wirkt.

Eine Kombination von imaginativen und sensorischen Verfahren kommt bei Fantasiegeschichten zur Anwendung, deren Inhalt auf dem Rücken des Partners dargestellt wird. Der beruhigende, ent-

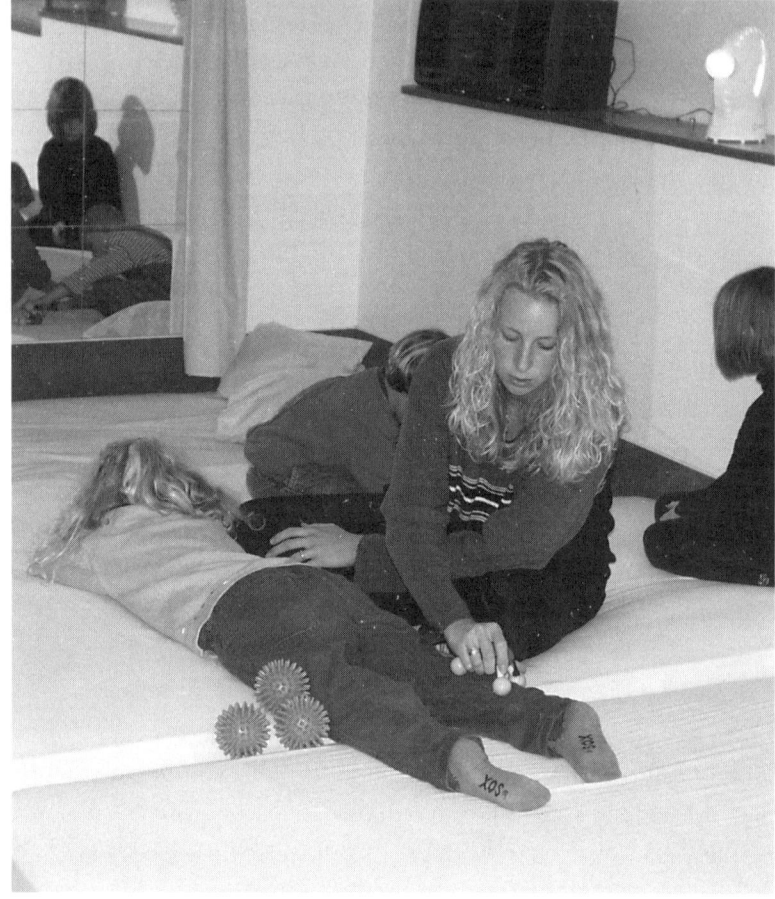

spannende Effekt wird einerseits durch den Inhalt der erzählten Geschichte, vor allem aber durch die sensorischen Empfindungen erreicht: So wird mit den Fingerspitzen ein Bild auf den Rücken des Partners »gemalt«, es werden Regentropfen imitiert oder Tierbewegungen nachgeahmt (vg. Pirnay 1993, Krowatschek 1997).
Anders als in den bisher beschriebenen Entspannungsverfahren sind diese Spiele an die Akzeptanz der Berührung durch einen anderen Menschen gebunden. Hier muss die Erzieherin sehr einfühlsam auf die Gefühle des Kindes eingehen und ihm unbedingt die Möglichkeit der freien Entscheidung über die Teilnahme an den Spielen lassen (vgl. Kap. »Spielerische Massageübungen«.)

Wirkungen von Entspannung

Bei allen Entspannungsverfahren geht es darum, das Aktivierungsniveau zu senken, aber nur so weit, dass der Übende nicht einschläft. Bei Entspannungsprozessen soll der Zustand der Voreinschlafphase erreicht und erhalten werden, ohne dass es zum Einschafen kommt. Dies wird als Zustand »entspannter Wachheit« (vgl. Petermann 1999, S.53) oder als Zwischenbereich von Hellwachsein und Einschlafen bezeichnet.

Die Aufmerksamkeit wird mehr nach innen, auf körpereigene Prozesse gerichtet, die nach außen gerichtete Reaktionsbereitschaft dagegen wird reduziert.

Entspannungsverfahren wirken sich auf zwei Ebenen aus: Auf der physiologischen und auf der psychischen Ebene.

Diese Entspannungsreaktionen können folgendermaßen beschrieben werden (vgl. Petermann 1999, 36 ff.):

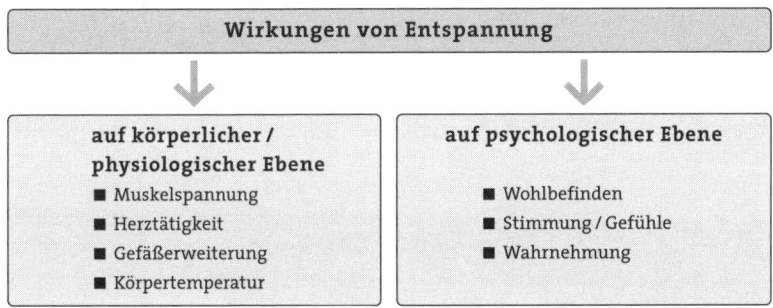

Physiologische Wirkungen

Neuromuskuläre Veränderungen – Am unmittelbarsten sind die Veränderungen am Spannungszustand der Muskulatur, dem so genannten Muskeltonus, zu erkennen. Bei einer erfolgreichen Entspannung wird der Grad der Anspannung der Muskulatur reduziert, die Muskulatur erschlafft.

Die beste Ausgangsposition zur Entspannung besteht daher im Liegen. Hier wird die Stützmotorik – die Arm-, Bein- und Rumpfmuskulatur – entlastet.

Durch die Entspannungsübungen werden die Blutgefäße erweitert. Man empfindet dies meist als Kribbeln und Kitzeln in den Händen und Armen und in den Füßen und Beinen. Auch die Wahrnehmung von Körperwärme ist ein sicheres Zeichen für Entspannung (insbesondere bei der Progressiven Muskelrelaxation). Es entsteht ein vermehrter Blutfluss in den Hauptgefäßen der Extremitäten, dieser kommt durch die Gefäßerweiterung zustande.

Unterstützt wird dieser Vorgang durch eine angenehme Temperatur im Entspannungsraum. Aber auch die Vorstellung einer »warmen«, angenehmen Umgebung kann sich auf die Gefäßerweiterung auswirken (z.B. »im warmen, weichen Sand liegen, die Hand wird von warmen Wasser umspült« usw.).

Schließlich ist auch der Blutdruck durch Entspannungsübungen beeinflussbar: Körperliche Aktivität steigert den Blutdruck, Entspannung lässt den Blutdruck sinken.

Atmung – Bei der Entspannung wird die Atmung flacher und gleichmäßiger. Die Bauchatmung nimmt zu, während die Zwerchfellatmung abnimmt. Auch der Atemzyklus verändert sich, d.h. es treten relativ lange Phasen zwischen der Ein- und Ausatmung auf.

Psychische Wirkungen

Nach einer Entspannungsphase entsteht das Gefühl geistiger Frische und des Ausgeruhtseins. Man fühlt sich erholt, es tritt ein »entspannter Wachzustand« ein. Dies erhöht auch die Aufmerksamkeit und Konzentrationsfähigkeit, begünstigt die Fähigkeit zur Informationsverarbeitung und die Wahrnehmungsfähigkeit. Motorische Unruhe und übermäßige Aktivität werden reduziert, man wird ruhiger und kann sich besser konzentrieren. Auch emotionale Reaktionen werden gemindert, man wird ausgeglichener.

Eignung der Entspannungsverfahren für Kinder

Nicht alle Entspannungsverfahren sind gleichermaßen für Kinder geeignet. Vor allem jüngere Kinder bedürfen konkreter Vorstellungsbilder, damit sie sich unter dem Begriff »Entspannung« überhaupt etwas vorstellen können.

Die Anforderungen an die Konzentration sollten für Kinder nicht zu groß sein, die Aufgabenstellung nicht zu abstrakt. Imaginative und sensorische, körperbezogene Verfahren sind zur Entspannung besonders geeignet, da hier sensorische Reaktionen hervorgerufen werden, die sie an sich selbst spüren und verfolgen können. Z. T. ist sogar ein aktives Mittun der Kinder möglich.

Kinder bevorzugen Verfahren, die spielerisch durchgeführt werden können und ihre Fantasie ansprechen. Geschichten, in denen sie sich selber wiederfinden oder Spielfiguren, mit denen sie sich identifizieren können, erleichtern den Zugang zu den Kindern und geben ihnen die Möglichkeit, sich aktiv am Entspannungsprozess zu beteiligen.

Unruhige Kinder sollten nicht ausgegrenzt werden, für sie sind die Übungen besonders wichtig, es gilt jedoch Regeln zu finden, die ihnen die Grenzen aufzeigen und einen Rahmen für ihr Handeln geben (vgl. Kap. »Rahmenbedingungen für Entspannung und Bewegung«).

In diesem Buch geht es weniger um das Erlernen einer speziellen Entspannungstechnik. Vielmehr werden Grundgedanken unterschiedlicher Entspannungsverfahren so aufbereitet, dass sie für Kinder interessant sind und in Spielsituationen eingebunden werden können.

So können z.B. bildhafte Vorstellungen die Entspannungsphase unterstützen. Allerdings sollten die Bilder aus der Erlebniswelt der Kinder kommen, sie sollen sich darin selbst wiederfinden können.

Über Bewegung zur Ruhe finden

■ Das Bedürfnis nach Ruhe stellt sich bei den meisten Kindern erst dann ein, wenn sie sich ausgiebig bewegen konnten. Vor allem bewegungsfreudige Kinder hören immer wieder unvermittelt die Ermahnung der Erwachsenen, doch endlich einmal still zu sitzen, nicht so viel herumzurennen oder wenigstens mal fünf Minuten ruhig zu sein. Statt dieser verbalen Aufforderungen, die oft als Vorwurf empfunden werden, kann es für alle Beteiligten sehr viel hilfreicher sein, zunächst einmal dem Bedürfnis nach Bewegung Raum zu geben. In diese Spielsituationen können dann Ruhephasen eingebaut werden.

Unterschiedliche Aktivierungsniveaus werden auch von Kindern als wohltuend erlebt. Körperliche Anstrengung verlangt nach Entspannung, in dieser Phase wird die eigene Körperwahrnehmung unterstützt und die Aufmerksamkeit nach »innen« gerichtet. Dabei dürfen die Ruhephasen zunächst allerdings nur geringe Anforderungen an die Konzentration der Kinder stellen, diese Einheiten sind daher vorerst kurz zu halten und die Reaktionen der Kinder aufmerksam zu beobachten. In den folgenden Beispielen werden Bewegungsspiele und Ruhespiele so miteinander verbunden, dass Kinder eine Rhythmisierung ihrer Tätigkeiten, einen Wechsel von Aktivität und Stille erleben.

Meist wird von konkreten Vorstellungsbildern ausgegangen, sie sprechen die Fantasie der Kinder an und fordern die aktive Mit-

arbeit heraus. Sowohl in den Bewegungs- als auch in den Ruhephasen erleben die Kinder ihr Handeln als sinnvoll, es ist nicht Ergebnis der Belehrung durch Erwachsene, sondern Inhalt des Spiels, der Identifikation mit einer übernommenen Rolle, der gemeinsam vereinbarten Regel.

Die Bewegungsphasen haben hier den größeren Anteil, Ruhephasen werden eher am Ende durchgeführt, um die Kinder erst einmal über einen sehr kurzen Zeitraum mit den positiven Wirkungen von Ruhe und Stille vertraut zu machen. Sie sollen zunächst Freude daran haben, sich auf etwas Leises einzulassen und die Stille als angenehm zu empfinden.

Nach einer intensiven Bewegungsphase haben die Kinder das Bedürfnis, sich auszuruhen und sich zu entspannen. Hier wird Ruhe nicht künstlich erzeugt, sondern folgt einem natürlichen Rhythmus des Organismus: Intensive Aktivität ist nur möglich, wenn auch Entspannungs- und Ruhephasen erlebt werden. Der Bewegungsdrang wird also nicht unterdrückt, das Kind wird nicht aufgefordert still zu sein, es kann vielmehr dem eigenen Bedürfnis nach Ruhe folgen. So wird eine positive Beziehung zur Ruhe hergestellt.

Bei den folgenden Beispielen sind kurze Wechsel kennzeichnend: Auf eine bewegungsintensivere Spielidee folgt eine kurze Ruhephase.

Zappeltanz

Alter: ab 3 Jahre
Mitspieler: beliebig viele
Material: keines
Ort: Bewegungs- oder Gruppenraum

Bewegungsphase
Wir spielen Zappelphilipp: Der Zappelphilipp kann nicht ruhig sitzen, immer zappelt er herum.
Er beginnt mit den Händen, schüttelt sie, dann schüttelt er die Schultern, den Oberkörper, sogar der Kopf wackelt hin und her, er schüttelt die Beine, den ganzen Körper. Der Zappelphilipp springt hin und her, hüpft auf der Stelle und im Raum umher.

Ruhephase:
Der Zappelphilipp ist vom vielen Zappeln ganz erschöpft, zum Ausruhen legt er sich auf den Boden oder auf eine Matte.

Hinweise:
Von den Zappelphilipps gibt es in jeder Gruppe mindestens einen (oder eine). Anstatt ihn immer wieder zu ermahnen, doch endlich einmal ruhig zu sein, kann es für das Kind, aber auch für die ganze Gruppe, sehr hilfreich sein, wenn alle einmal in die Rolle des Zappelphilipps schlüpfen. Nach der ausgiebigen »Zappelzeit« ist es dann sehr wohltuend (für den echten Zappelphilipp wie für die anderen), eine »Ruhezeit« einzulegen, sich zu erholen und die Stille zu genießen.
Musik kann die Bewegungs- und Ruhephase unterstützen. Für die Bewegungszeit sollte ein rhythmisches, dynamisches Musikstück benutzt werden, für die Ruhephase ein getragenes, ruhiges Musikstück.
Musikbeispiele finden Sie im Anhang.

Wellenspringen

Alter: ab 3 Jahre
Mitspieler: viele, mindestens 10
Material: ein großes Schwungtuch
Ort: Bewegungsraum

Bewegungsphase
Alle mitspielenden Kinder stehen um ein großes Schwungtuch herum. Sie fassen es mit beiden Händen und bewegen es auf und ab, so dass große Wellen entstehen.
Die Hälfte der Kinder lässt das Tuch nun los, sie stellen sich auf das Tuch und dürfen durch die Wellen laufen (Schuhe ausziehen nicht vergessen!). Sie können auch versuchen, in die Wellen hineinzuspringen, auf einem oder auf zwei Beinen zu hüpfen, über die Wellen hinwegzuspringen usw.. Dabei wird der Sturm immer stärker und auch die Wellen werden höher.
Dann wird gewechselt: Die Gruppe der Kinder, die das Tuch bewegt hat, darf nun auf das Tuch gehen, die anderen machen jetzt die Wellen.

Ruhephase
Alle Kinder legen sich auf das Schwungtuch und schließen die Augen. Die Erzieherin erzählt, dass der Sturm sich nun gelegt hat und kein Wind mehr weht. Das Wasser ist ganz ruhig und keine einzige Welle ist mehr zu spüren.

Hinweise
Mit dem Schwungtuch lassen sich eine Reihe weiterer »wilder« und ruhiger Spielideen durchführen. Es eignet sich gut für angeleitete Spiele in der Gruppe, da es eine räumliche Begrenzung für alle Mitspieler darstellt. Bei Ruhephasen sollten die Kinder allerdings genügend Platz auf dem Schwungtuch haben und sich gegenseitig nicht berühren.

Feuer – Wasser – Sonne – Sturm

Alter: ab 3 Jahre
Mitspieler: beliebig viele
Material: keines
Ort: Bewegungs- oder Gruppenraum

Bewegungsphase
Für dieses Reaktions- und Laufspiel werden zunächst die Regeln vereinbart: Bei »Feuer« laufen die Kinder ganz schnell in eine bestimmte Ecke des Raumes, bei »Wasser« steigen sie auf Bänke, Stühle oder Tische, bei »Sturm« kriechen sie unter die Bänke und Tische, bei »Sonne« legen sie sich auf den Boden, genießen die warmen Sonnenstrahlen und ruhen sich aus.
Zunächst übernimmt die Erzieherin die Rolle der Spielleiterin, dann kann auch ein Kind die schnell wechselnden Begriffe ausrufen.

Ruhephase
Die »Sonnenpausen« sollten etwas seltener als die Bewegungsimpulse genannt werden, sie sollten aber auch länger andauern, damit die Ruhe genossen und wieder neue Kraft geschöpft werden kann.

Hinweise
Anstelle der akustischen Signale zur Änderung der Bewegungsformen können auch Bildsymbole verwendet werden. Ein rotes Blatt Papier ist das Zeichen für Feuer, ein blaues steht für Wasser, ein graues für den Sturm. Eine auf ein Blatt Papier gemalte Sonnenblume (oder eine Sonne) bedeutet, dass nun die Ruhephase beginnt.

Verzaubert

Alter: ab 4 Jahre
Mitspieler: beliebig viele, mindestens 5
Material: eine Papprolle oder eine Zeitungsrolle als Zauberstab, Gong oder anderes akustisches Signal
Ort: Bewegungsraum, Eingangshalle oder begrenzte Spielfläche im Freien

Spielidee
Ein Kind spielt den Zauberer; es ist erkennbar an einem Zauberstab, mit dem es die anderen verzaubern kann. Die Erzieherin (oder ein anderes Kind) hat einen Gong, wenn dieser ertönt, ist der Zauber wieder aufgelöst.
Alle Mitspieler laufen durch den Raum und versuchen, dem Zauberer auszuweichen. Wer mit dem Zauberstab berührt wird, ist für kurze Zeit »versteinert«: wie ein steinernes Denkmal muss er ganz ruhig stehen bleiben.
Er darf sich erst wieder bewegen und weiterlaufen, wenn der Gongschlag ertönt. Dann sind alle versteinerten Mitspieler wieder frei und ein anderes Kind wird Zauberer.

Hinweise
Bei diesem Lauf- und Fangspiel wechseln Ruhe- und Bewegungsphasen innerhalb des Spiels ab, sie gelten nicht gleichzeitig für alle, sondern immer nur für einzelne Kinder. Damit ist eine individuelle »Dosierung« der Ruhe- und Bewegungszeiten möglich. Die Erzieherin beobachtet, wann die Ruhephasen abgebrochen werden sollten. Auch die Dauer des Fangens kann unterschiedlich lang ausfallen: Damit die Kinder diese Zeit mitbestimmen können, kann folgende Vereinbarung getroffen werden: Wenn der Fänger seine Rolle abgeben möchte, reicht er der Erzieherin/der Spielleiterin den Zauberstab.

Kissenschlacht

Alter: ab 3 Jahre
Mitspieler: beliebig viele
Material: viele kleine und große Kissen, Schaumstoffteile, Schaumstoffwürfel
Ort: Bewegungs- oder Gruppenraum

Bewegungsphase

Die Kinder stehen sich in zwei Gruppen gegenüber. Zwischen beiden Gruppen ist auf dem Boden eine Linie gezeichnet oder ein Seil markiert die Trennungslinie. Jeder Mitspieler hat mehrere Kissen oder Schaumstoffwürfel und bewirft damit sein Gegenüber. Dabei darf die Mittellinie nicht übertreten werden. Schnell muss immer wieder für Nachschub gesorgt werden, indem die im eigenen Spielfeld gelandeten Kissen wieder aufgehoben werden. Jede Gruppe darf die andere nur von ihrem Bereich aus bewerfen.
Das Spiel ist zu Ende, wenn im eigenen Spielfeld kein Kissen mehr liegt oder wenn alle müde sind.

Ruhephase

Alle Mitspieler legen sich auf die Kissen und Schaumstoffwürfel und ruhen sich aus. Die Ruhephase kann durch eine Geschichte begleitet werden: »Die Kissenwerfer haben den ganzen Tag hart gearbeitet und ihre Stadt vor Eindringlingen bewahrt. Jetzt sind sie vom vielen Werfen und Laufen ganz müde, legen sich auf ihre weichen Kissen und schlafen ein. Die Arme tun ihnen vom Werfen weh, die Beine sind ganz erschöpft vom Rennen, sie sind froh, nun Pause machen zu dürfen...«

Hinweise

Die »Wurfgeschosse« sollten möglichst weich und handlich sein. Die Trennungslinie soll verhindern, dass Kinder sich gegenseitig beim Werfen zu nahe kommen und sich gegenseitig bedrängen bzw. sich bedrängt fühlen. Die »beweglichen« Ziele der gegnerischen Gruppe sind außerdem schwerer zu treffen, die Kinder müssen mit mehr Kraftaufwand und auch gezielter werfen.

Fliegende Ufos

Alter: ab 4 Jahre
Mitspieler: beliebig viele, mindestens zwei
Material: viele Pappscheiben (Bierdeckel etc.)
Ort: Bewegungsraum

Bewegungsphase

Die Pappscheiben werden waagerecht durch den Raum geworfen, es sind Ufos (= unbekannte Flugobjekte, fliegende Untertassen), die durch die Luft fliegen. Nach ihrem Flug landen die Ufos irgendwo im Raum auf dem Boden, werden aufgenommen und wieder neu zum Fliegen gebracht.
Man kann auch versuchen, die Ufos auf einen bestimmten Landeplatz zu werfen (z.B. ein in der Mitte des Raumes stehender Karton oder ein Korb, der unter der Decke aufgehängt wird).

Ruhephase

Jeweils zwei Kinder kommen zusammen. Eines legt sich auf den Rücken und schließt die Augen, das andere macht ihm aus den Ufos eine Decke: Es legt ganz vorsichtig einen Pappdeckel nach dem anderen auf den Körper seines Partners und deckt ihn damit ganz zu.
Das am Boden liegende Kind darf nun entscheiden, ob die Decke wieder ganz langsam aufgedeckt wird (Pappscheiben abnehmen) oder ob es sich selbst schütteln und so alle Pappscheiben abwerfen will. Dann werden die Rollen gewechselt.

Hinweise

Das vorsichtige Auflegen der Pappscheiben erfordert Ruhe und Konzentration, das am Boden liegende Kind darf sich dagegen ganz auf das Spüren und Fühlen einlassen. Der Rollenwechsel sollte daher vorher schon angekündigt werden: Zuerst deckt ihr euren Partner zu, danach seid ihr dran und werdet ebenfalls zugedeckt.

Wetterfrösche

Alter: ab 3 Jahre
Mitspieler: beliebig viele
Material: keines, evtl. Teppichfliesen
Ort: Bewegungs- oder Gruppenraum

Bewegungsphase
Die Kinder stellen Wetterfrösche dar, die bei jedem Wetter draußen sind, aber sich – je nach Wetter – in einer ganz bestimmten Weise fortbewegen:
Bei »Sonne« hüpfen sie vor Freude, bei »Regen« kriechen sie langsam über den Boden, bei »Gewitter« rennen sie ganz schnell in eine Ecke des Raumes, um sich zu schützen. Welches Wetter gibt es noch und wie werden sich die Frösche dazu bewegen? Die Erzieherin oder ein Kind nennen das jeweilige Wetter, die Frösche bewegen sich in der entsprechenden Form.

Ruhephase
Nun gibt es den Wetterbericht für den nächsten Tag: Die Frösche hören ihn sich genau an. Dazu legen sie sich auf den Bauch, auf ein Schwungtuch oder auf mehrere Matten. Sie schließen die Augen und können die Wettervorhersage sogar fühlen: Die Erzieherin trommelt mit den Fingerkuppen auf ihren Rücken, wenn es regnet usw. (Siehe Wetterberichtspiel Seite 110).

Hinweise
Damit der Wetterbericht in der Ruhephase von allen Kindern gespürt werden kann, sollten einige Helfer bei der Rückenmassage mitmachen.

Variation
Im Raum sind auf dem Boden Teppichfliesen ausgelegt. Jeder Frosch sitzt auf einer Fliese – seinem Stein. Die Frösche springen nun von einem Stein zum anderen, sie hüpfen um alle Steine herum oder springen über einzelne Steine hinweg. Wenn sie müde sind, können sie sich auf einem Stein ausruhen.

Die Königin befiehlt

Alter: ab 3 Jahre
Mitspieler: beliebig viele
Material: 1 Tennisring oder 1 Sandsäckchen
Ort: Bewegungs- oder Gruppenraum, auch im Freien

Spielidee
Zunächst spielt die Erzieherin die Königin:
Die Königin »befiehlt«, welche Bewegungen die Untertanen in ihrem Land ausführen müssen. Sie nennt Tätigkeiten und macht sie vor, alle anderen müssen sie pantomimisch ausführen. Sagt sie z.B.: »Alle hüpfen«, so übernehmen alle Kinder das Hüpfen. Begonnen wird mit sehr intensiven Bewegungsformen: Hüpfen, Rennen, auf allen vieren laufen, Rückwärtsgehen etc..
Nach und nach werden die Aktivitäten dann immer ruhiger: Schleichen, leise gehen, über den Boden kriechen, Arme ausschütteln, Beine ausschütteln, sich hinsetzen, sich hinlegen, gähnen, Augen schließen, tief atmen, einschlafen. Danach folgt eine Weile Stille. Nach 1 – 2 Minuten gibt die Erzieherin vor: »Aufwachen, die Augen öffnen und sich ruhig hinsetzen«.

Variation
Auch ein Kind kann die Rolle der Königin übernehmen. Damit besser erkennbar ist, wer diese Rolle innehat, trägt die Königin eine »Krone« (einen Tennisring, der auf dem Kopf getragen wird oder ein Sandsäckchen, das auf dem Kopf liegt).

Hinweis
Den Kindern fallen immer wieder neue Bewegungsformen ein, wichtig ist in diesem Spiel aber, dass zwischendurch auch eine Ruheposition eingenommen wird.
Evtl. kann nach dem Ausruhen eine neue Königin oder ein neuer König an die Reihe kommen.

Tanzende Tücher

Alter: ab 3 Jahre
Mitspieler: beliebig viele
Material: Chiffontücher
Ort: Bewegungs- oder Gruppenraum

Spielidee
Chiffon- oder Seidentücher, Stoffbänder und leichte Stofftücher lassen sich durch Bewegung immer wieder in neue Formen bringen. Jedes Kind kann experimentieren, wie es das Tuch in der Luft halten, schwingen und werfen oder damit Bewegungen erzeugen kann: mit den Händen hochwerfen und mit einem Körperteil wieder fangen, das Tuch auf den Kopf legen, es balancieren oder sich mit dem Tuch hinsetzen. Diese und andere Bewegungsformen werden von den Kinder selbst gefunden. Musik kann die schwingenden Bewegungen unterstützen. Mit den Tüchern kann man wilde, aber auch langsame, ruhige Tänze veranstalten. Sobald die ruhige Musik erklingt, werden die Tücher nur noch ganz sanft am Ort – ohne Fortbewegung – geschwungen.

1. Variation
Jedes Kind erhält zwei Chiffontücher, es stellt sich vor, die Tücher seien die Flügel von Schmetterlingen. Schmetterlinge fliegen im Raum, lassen ihre Flügel flattern, wenn sie müde sind, setzen sie sich auf eine Blume (am Boden liegende Reifen oder Teppichfliesen) und ruhen sich aus.

2. Variation
Jedes Kind hat ein buntes Chiffontuch, das es in der Luft schwingen, hoch pusten, in die Luft werfen kann. Rhythmische Musik oder Trommelbegleitung kann die Bewegung der Kinder unterstützen. Wird die Musik ausgestellt bzw. ruht die Trommel, legen sich alle Kinder auf den Boden, decken sich mit dem Chiffontuch zu und machen eine kleine Ruhepause. Setzt die Musik wieder ein, kommen auch die Chiffontücher wieder in Aktion.

Schneeflockentanz

Alter: ab 3 Jahre
Mitspieler: beliebig viele
Material: keines
Ort: Bewegungs- oder Gruppenraum

Bewegungsspiel
Die Kinder spielen Schneeflocken, die durch die Luft wirbeln, schweben und sich drehen.

Ruhephase
Die Schneeflocken fallen sanft auf die Erde und bleiben liegen.

Bewegungsphase
Dann kommt ein Windstoß, der die Flocken wieder aufwirbelt: sie fliegen durcheinander, drehen sich und hüpfen durcheinander.

Ruhephase
Der Wind wird ruhiger, jetzt steht er ganz still. Die Schneeflocken sinken langsam wieder zu Boden.

Hinweis
Damit die Bewegungs- und Ruhephasen besser erkennbar sind, kann ein Kind (oder anfangs noch die Erzieherin) den Wind spielen. Es hat zwei Chiffontücher in den Händen, die es schwingt und in der Luft wirbeln lässt. Langsam werden die Bewegungen der Tücher schwächer und hören dann ganz auf. Entsprechend sollen sich auch die Bewegungen der Schneeflocken verlangsamen. Und wenn die Tücher nach unten hängen, sinken auch die Flocken auf den Boden.

Variation
Die Erzieherin kann auch durch eine einfache rhythmische Begleitung (auf der Trommel oder einem Tamburin) die Ruhe- und Bewegungsphasen für die Schneeflocken ankündigen.

Schiff-Fahrt

Alter: ab 3 Jahre
Mitspieler: 5 – 6
Material: Trampolin
Ort: Bewegungsraum

Ruhephase
Die Kinder liegen auf einem Trampolin. Für sie ist es ein Schiff, mit dem sie auf eine große Seereise gehen. Der Erzieher steht zwischen ihnen und federt leicht auf dem Tuch, so dass die Kinder sanft geschaukelt werden. Er erzählt ihnen, dass die Matrosen in ihren Betten liegen, es ist Nacht und das Schiff schaukelt ganz sanft. Die Matrosen träumen, das Schiff schaukelt sie in den Schlaf.

Bewegungsphase
Nun kommt ein starker Wind auf, das Schiff schaukelt immer mehr in den Wellen (der Erzieher federt stärker auf dem Tuch, so dass die Kinder leicht im Liegen hochgeworfen werden). Er erzählt ihnen, dass der Wind immer stärker wird, jetzt kommt sogar ein Orkan und die Matrosen fallen fast aus ihren Betten.

Ruhephase
Der Sturm legt sich, die Wellen werden wieder kleiner und die Matrosen schlafen ruhig weiter...

TOBESPIELE UND STILLEÜBUNGEN

52 ■ Spiele, die Toben und Raufen erlauben, sind bei den meisten Kindern besonders beliebt. Viele Erwachsene hingegen scheinen grundsätzlich etwas gegen das Toben zu haben, sie interpretieren es als sinnlose Kräftevergeudung oder als unnutzes Herumrennen. Dabei ist das Toben und das intensive Sich-körperlich-Verausgaben eine Form des Umgangs mit der eigenen Energie, mit der eigenen Kraft und des Sich-miteinander-Messens. Außerdem haben Toben und Raufen noch einen weiteren Sinn, sie können nämlich einen Prozess der Selbstregulation in Gang setzen, da nach einer gewissen Tobezeit bei den Kindern das Bedürfnis nach Ruhe eintritt. Abgesehen davon können »wilde« Bewegungen einfach auch als Ausdruck der kindlichen Lebendigkeit angesehen werden.
Voraussetzung für Tobespiele ist, dass ausreichend Raum vorhanden ist und eine »tobefreundliche« Umgebung geschaffen wird. Das heißt: Gefährliche Möbel wegrücken, Matten und Polster auslegen, damit bei einem Sturz keine Verletzungen entstehen.
Außerdem sollten Regeln vereinbart werden, durch die klare Grenzen gesetzt sind und die Kinder Schutz vor ihren, manchmal vielleicht allzu wilden, Kameraden haben.
Tobespiele erlauben spielerisches Kämpfen, allerdings nur mit Partnern oder Gegnern, die ihre Bereitschaft hierzu erklärt haben. Es gibt Kinder, die diese Spiele nicht mögen, sie sollten die Möglichkeit haben, dem Spiel fernbleiben zu können.
Für die Erzieherin ist wichtig zu beobachten, dass die Spiele nicht »kippen«, d.h. dass aus dem Spiel nicht plötzlich Ernst wird und die Kinder sich nicht gegenseitig – auch nicht unbeabsichtigt – wehtun. So können zum Beispiel Stoppsignale das Abgleiten des Spieles verhindern. Es kann aber auch eine »Frei«-Zone geben: Wer sich in dieser Zone befindet, muss unbedingt von den anderen in Ruhe gelassen werden.

In jedem Kindergarten sollte es einen Raum geben, in dem Toben erlaubt ist! Auch wenn es sich bei räumlicher Enge dabei nur um eine Tobeecke mit Matratzen und Kissen handelt.

Wichtig ist außerdem, dass jede Tobephase einen ruhigen Ausklang hat, so dass der Übergang vom intensiven Bewegen zum Ruhigwerden unterstützt wird. Toben und zur Ruhe kommen werden so von den Kindern gleichermaßen als wohltuende Betätigungsformen erlebt. Der Körper braucht Ruhephasen, um neue Energie zu tanken, um wieder zu sich selbst zu kommen, um das Atmen zu regulieren, um sich zu erholen.

Ein weiterer wichtiger Aspekt des Tobens ist das Kräftemessen – Kämpfen will gelernt sein. Auch hier sind klare einfache Regeln notwendig. Es gibt einen vorgegebenen Kampfort (z.B. eine Weichbodenmatte), die Erzieherin ist die Schiedsrichterin, die zu Anfang das Kämpfen noch überwacht. Später kann auch ein Kind die Rolle des Schiedsrichters übernehmen. Die Regeln sollten vorher ganz klar vorgegeben bzw. abgesprochen werden, die Erzieherin sollte auf die Konsequenzen bei Regelverletzungen hinweisen. Des Weiteren können auch Zeitvorgaben sinnvoll sein: So kann ein Kräftemessspiel zunächst 10 bis 20 Sekunden dauern, die Zeit sollte mit einer Stoppuhr genau eingehalten werden. Hier kann auch eine Trillerpfeife oder eine Glocke dienlich sein, sie gibt den Anfang und das Ende des Spiels an. Wer eine Regel verletzt, wird disqualifiziert. Es gibt keinen Vorwurf, aber wie beim Sport gibt es eine gelbe Karte oder sogar eine rote, die zum Ausschluss aus dem Spiel führt.

Tobespiele, bei denen es um das Kräftemessen oder um das Miteinanderkämpfen geht, sollten Rituale haben und sie sollten die Achtsamkeit voreinander fördern. Manchmal ist es hilfreich, wie beim Judo, ein Anfangs- und ein Schlussritual einzuführen. Die Gegner verneigen sich, z.B. bei der Begrüßung, voreinander und reichen sich zum Abschluss die Hand.

Klammern jagen

Alter: ab 5 Jahre
Mitspieler: viele, mindestens 10
Material: viele Wäscheklammern
Ort: Bewegungsraum oder im Freien

Bewegungsspiel
Jedes Kind hat 4 bis 5 Wäscheklammern, die es an seine Kleidung steckt. Nun dürfen alle auf Klammernjagd gehen: Jeder versucht, einem anderen hinterherzujagen und von dessen Kleidung Wäscheklammern abzunehmen. Diese sollte er sich dann möglichst schnell wieder anstecken. Die Klammern dürfen nur an Kleidungsstücke, nicht aber in die Haare gesteckt werden.

Ruhephase
Die Klammernjäger machen eine Pause, entfernen ihre Klammern (wer hat jetzt mehr als zu Beginn des Spiels, wer hat weniger?) und legen sich auf eine Weichbodenmatte oder eine am Boden liegende Matratze. Die Erzieherin erzählt die Geschichte von der »Klammernprinzessin«, die so empfindsam war, dass sie sogar im Schlaf spürte, wenn ihr jemand eine Klammer auf die Bettdecke legte. Die Kinder schließen die Augen, die Erzieherin legt auf jedes Kind jeweils eine Wäscheklammer. Wenn es die Klammer spürt, darf es die Augen öffnen und sie abnehmen.

Hinweise
Dicke, robuste Klammern verwenden, die gut an Kleidungsstücke zu stecken sind. Damit der Pinzettengriff mit Daumen und Zeigefinger beherrscht wird, sollte das Klammernstecken vorher bereits einmal ausprobiert worden sein.

Variation
Statt die Wäscheklammern der anderen Kinder zu erwischen, kann das Ziel des Spieles auch sein, die eigenen Wäscheklammern loszuwerden, indem man versucht, sie den Mitspielern an die Kleidung zu stecken.

Tanz auf der heißen Herdplatte

Alter: ab 5 Jahre
Mitspieler: beliebig viele
Material: Musik (schnell)
Ort: Bewegungs- oder Gruppenraum

Bewegungsspiel
Alle Mitspieler stellen sich vor, sie stehen auf einer heißen Herdplatte. Damit die Füße nicht anbrennen, müssen ganz viele, kurze, kleine Schritte gemacht werden. Jeder Fuß berührt den Boden nur so kurz wie möglich.
Mit schneller, rhythmischer Musik kann sogar ein Tanz auf der heißen Herdplatte gemacht werden – alle tippeln ganz schnell auf der Stelle und springen, um nur so kurz wie möglich auf der heißen Herdplatte zu stehen.

Ruhephase
Der Strom der Herdplatte wird abgestellt, langsam sinkt die Temperatur. Jetzt ist sie nicht mehr heiß, sondern nur noch schön warm und die Kinder können sich zum Ausruhen sogar auf die angenehm warme Platte legen.

Variation
Tanz auf heißem Sand
Statt auf einer heißen Herdplatte kann der Tanz auch auf »heißem Wüstensand« ausgeführt werden. Die Sonne hat den ganzen Tag geschienen und der Sand am Strand ist heiß, man kann ihn kaum barfuß betreten. Deswegen trippeln alle Strandbesucher ganz schnell auf der Stelle, um sich nur ja nicht die Füße zu verbrennen. Dann kommt plötzlich eine Welle (die Erzieherin ruft »Wasser«) und der Sand kühlt ab, nun kann man sich sogar hinlegen und sich eine Weile von dem anstrengenden Tanzen ausruhen. So lange, bis die Sonne den Sand wieder ganz heiß werden lässt ...

Schlangen fangen

Alter: ab 4 Jahre
Mitspieler: 10 – 12
Material: Seile
Ort: Bewegungs- oder Gruppenraum

Bewegungsspiel
Die Hälfte der Kinder hat Seile, die sie auf dem Boden schlängeln; dabei laufen oder gehen sie durch den Raum. Die anderen Mitspieler versuchen, auf die Seile zu treten. Wer das schafft, also eine Schlange erwischt hat, wird der neue Schlangenbesitzer. Er erhält die Schlange und darf sie nun auf dem Boden schlängeln lassen.

Ruhephase
Alle Schlangen machen Mittagsschlaf. Sie legen sich in die Sonne, rollen sich zusammen, machen sich ganz klein und ruhen sich aus.

Hinweis
Dies ist ein intensives Laufspiel, bei dem es leicht zu Zusammenstößen kommen kann. Daher sollten die Kinder immer wieder darauf hingewiesen werden, dass man beim Laufen immer auch auf die anderen achten und selbst beim Rückwärtslaufen nach hinten schauen muss.

Körperteile abtreffen

Alter: ab 4 Jahre
Mitspieler: 8–10
Material: viele kleine Kissen
Ort: Bewegungs- oder Gruppenraum, auch im Freien möglich

Bewegungsspiel
Alle Kinder haben Kissen, mit denen sie sich gegenseitig bewerfen dürfen.
Dabei soll das Werfen aber ganz gezielt auf bestimmte Körperteile der Mitspieler erfolgen. Die Erzieherin ruft ein Körperteil auf (bevorzugt Füße, Po, Rücken, Oberschenkel, nicht Kopf oder Gesicht), alle versuchen, mit dem Kissen auf die genannten Körperteile der anderen Mitspieler zu treffen. Die Kissen werden immer wieder vom Boden aufgenommen und aufs Neue als »Wurfgeschosse« genutzt.
Wer Pause machen will, setzt sich an die Seite.

Ruhephase
Jeder schnappt sich ein Kissen und macht darauf ein kleines Erholungsschläfchen – bevor es mit der Kissenschlacht weitergeht.

Pferdegespanne

Alter: ab 3 Jahre
Mitspieler: beliebig viele
Material: Seile
Ort: Bewegungs- oder Gruppenraum

Bewegungsspiel
Jeweils zwei Kinder bilden ein Paar. Eines ist das Pferd, das andere der Kutscher. Der Kutscher legt dem Pferd die Zügel (Seil) um, er hält jedes Seilende in einer Hand und führt nun das Pferd. Zieht er die Zügel nach rechts, muss das Pferd nach rechts gehen, entsprechend auch zur anderen Seite. Leichtes Auf- und Abschlagen des Seiles bedeutet schneller laufen; wenn der Kutscher am Seil zieht, bedeutet dies, dass das Pferdchen langsamer laufen oder sogar anhalten muss. Das Pferdchen muss genau spüren, welche Signale ihm der Kutscher gibt.

Ruhephase
Kutscher und Pferd machen nun eine Pause, sie setzen sich auf den Boden und ruhen sich aus. Der Kutscher »striegelt« sein Pferdchen und reibt ihm den Rücken trocken (Seil mehrfach zusammenlegen und sanft über den Rücken rubbeln).
Nach der Pause wird ein Rollentausch vorgenommen.

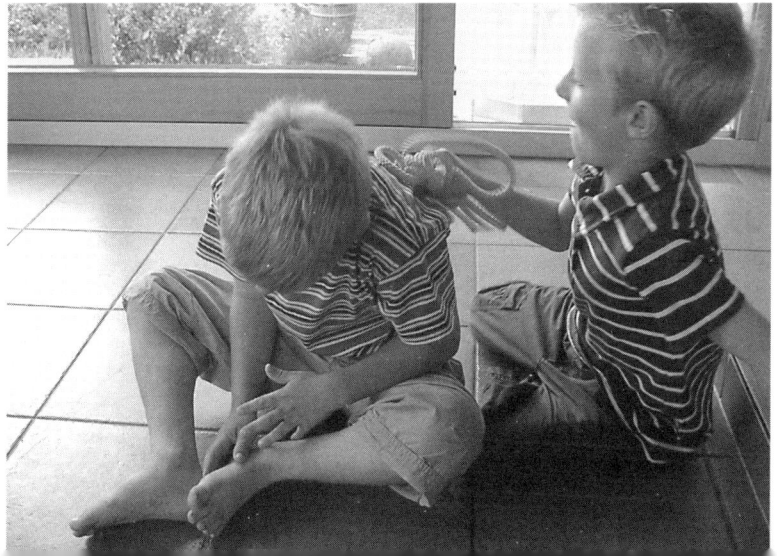

60

Würfelrennen

Alter: ab 5 Jahre
Mitspieler: beliebig viele
Material: ein großer Schaumstoffwürfel, ein Bettlaken oder ein Schwungtuch
Ort: Bewegungs- oder Gruppenraum, auch im Freien möglich

Bewegungsspiel
Die Kinder stehen um ein Bettlaken oder um ein Schwungtuch, auf dem ein Würfel liegt, herum. Sie fassen das Tuch mit beiden Händen, schwingen es hoch und schleudern damit den Würfel in die Luft. Wenn der Würfel wieder auf dem Tuch landet, wird nachgeschaut, wie viele Punkte sie »gewürfelt« haben. Sie legen das Tuch ab und laufen die entsprechende Anzahl Runden um das Tuch.

Ruhephase
Die »sechs« ist der Glückstreffer. Wird eine sechs gewürfelt, dürfen sich alle auf das Tuch legen und ausruhen, die Erzieherin erzählt ihnen dabei eine kurze Traumgeschichte (siehe S. 17).

Hinweis
Da nicht alle Kinder die Punkte auf dem Würfel zählen können, dürfen die älteren sie laut ausrufen. Die Erzieherin gibt Rückmeldung, ob das Ergebnis stimmt.

Mit einem unsichtbaren Gegner boxen

Alter: ab 3 Jahre
Mitspieler: 8–10
Material: evtl. mehrere, an der Decke befestigte Luftballons
Ort: Bewegungs- oder Gruppenraum

Bewegungsspiel

Manchmal sind die Kinder so richtig wütend auf jemanden und verspüren vielleicht sogar das Bedürfnis zuzuschlagen. Natürlich wissen sie aber auch, dass das nicht gerne gesehen wird und die Gefahr besteht, dem anderen wehzutun, ihn zu verletzen.
Wie wäre es aber mit einem Kampf gegen einen unsichtbaren Gegner? Einem Gegner, der gar nicht spürt, wenn er berührt wird. Die Kinder schlagen mit den Händen auf ihn ein und treten ihn mit den Füßen. Abwechselnd werden der rechte und der linke Arm bzw. der rechte und der linke Fuß benutzt.

Ruhephase

Jeder Boxkampf hat eine Pause. Deswegen setzen sich jetzt alle Kämpfer auf die Erde und erholen sich von der Anstrengung, indem sie ganz tief ein- und ausatmen. Der Atem bringt ihnen neue Energie.

Hinweis

Dieses Spiel hat den Abbau von Anspannung und Wut zum Ziel. Die Kinder sollten um sich herum genügend Platz haben, in engen Räumen kann das Spiel weniger gut durchgeführt werden.

Variation

Statt des unsichtbaren Gegners kann es auch einen sichtbaren geben: Ein dicker Luftballon, der an einem Seil von der Decke hängt, oder ein pralles Kissen, das als »Boxsack« dient. Hier kann das Kind seine Wut auslassen und mit dem Boxballon einen Zweikampf veranstalten.

Verzauberte Tiere

Alter: ab 3 Jahre
Mitspieler: beliebig viele
Material: keines
Ort: Bewegungs- oder Gruppenraum

Bewegungsspiel
Die Kinder spielen Tiere, die sich im Raum bewegen. Die Erzieherin ist eine Zauberin, die die Kinder durch Zuruf in unterschiedliche Tiere verwandeln kann. Im Wechsel sind es laute und leise, schnelle und langsame, schwere und leichte, große und kleine, schwerfällige und leichtfüßige oder schwebende Tiere (z. B. schwere Elefanten, huschende Mäuse, hüpfende Frösche, flatternde Schmetterlinge, surrende Hummeln, springende Kängurus etc.).

Ruhephase
Im Anschluss an das Bewegungsspiel suchen sich die Kinder ein ruhiges, langsames, ganz bedächtiges Tier aus: Die Schildkröte kommt kaum von der Stelle, auch die Schnecke kriecht nur sehr langsam voran. Das Faultier bewegt sich gar nicht mehr, sondern bleibt zusammengerollt auf dem Boden liegen.

Schatz bewachen

Alter: ab 4 Jahre
Mitspieler: 10 – 12
Material: Tücher oder Sandsäckchen
Ort: Bewegungs- oder Gruppenraum, auch im Freien

Spielidee

In der Mitte des Raumes sitzt ein Monster, das einen wertvollen Schatz bewacht (bunte Tücher, Sandsäckchen o.Ä.). Die Kinder wollen dem Monster den Schatz entreißen, müssen aber gut aufpassen, denn das Monster ist natürlich wild und sehr gefährlich. Manchmal schläft es aber und das ist ein guter Moment, um an den Schatz heranzukommen. Leise schleichen sich die Kinder an das Monster heran und versuchen, ihm den Schatz wegzunehmen. Wird das Monster aus dem Schlaf geweckt, wird es wütend und faucht und versucht die Kinder einzufangen.
Die vom Monster gefangenen Kinder sind nun verzaubert und dürfen/müssen den Schatz mit ihm gemeinsam verteidigen. Das Spiel ist beendet, wenn nur noch wenige Kinder übrig sind.

Hinweis

Dieses Spiel hat keine eindeutige Ruhephase, denn sowohl Monster als auch Schatzräuber müssen immer auf der Hut sein, auch wenn das Monster schläft. Es eignet sich aber gut für Kindergruppen, die den Wechsel zwischen spannungsvollen, leisen Phasen und wildem Nachlaufspiel lieben.

Zeitungszauber

Alter: ab 4 Jahre
Mitspieler: 10 – 12
Material: viele Zeitungsblätter
Ort: Bewegungs- oder Gruppenraum, auch im Freien

Bewegungsspiel
Jedes Kind hat ein Zeitungsblatt. Die Zeitung kann verzaubert werden, mal ist sie ein Dach zum Schutz vor Sonne und Regen, dann ist sie eine Wasserpfütze, dann wiederum ein Floß, auf dem man über das Wasser schwimmen kann. Jede Zauberidee ist mit Bewegung verbunden:
Die Kinder fassen das Zeitungsblatt an zwei Ecken, halten es über den Kopf und laufen damit durch den Raum. Die Zeitung flattert nun wie ein Dach über dem Kopf. Je schneller sie laufen, umso mehr flattert die Zeitung.
Wird die Zeitung in eine Wasserpfütze verzaubert, liegt sie am Boden und die Kinder können sie überspringen, hineinspringen oder um alle Pfützen herumlaufen.

Ruhephase
Zwischen den einzelnen Zauberideen gibt es jeweils eine Ausruhphase: Die Kinder legen sich auf das Zeitungsblatt auf den Boden und die Erzieherin erzählt eine kurze Geschichte, die zu der nächsten Zauberidee überleitet.

Atemspiele

66 ■ Atemlos, außer Atem, kurzatmig – wenn wir uns in Stresssituationen befinden oder in Eile sind, spüren wir dies auch an unserer Atmung.
Meist atmen wir ganz unbewusst, ohne uns Gedanken über die Bedeutung des Atmens und über unsere Atemweise zu machen. Dabei ist die Atmung Vorraussetzung für das Leben: Der Organismus wird mit Sauerstoff versorgt, verbrauchte Luft wird zusammen mit Stoffwechselschlacken ausgeschieden, frische Luft wird zuge-

führt und damit werden auch die Zellen mit Sauerstoff versehen. Der wichtigste Atemmuskel ist das Zwerchfell. Wenn wir einatmen, zieht sich das Zwerchfell zusammen und die Lungen füllen sich mit Luft. Dabei hebt sich die Bauchdecke etwas an, in der Rückenlage kann man dies erkennen (und auch für das Bewusstwerden der Atmung bei Kindern nutzen). Man hat dann das Gefühl, dass die Luft in den Bauch strömt.
Beim Ausatmen entspannt sich das Zwerchfell wieder und die Lungen entleeren sich.
Stress, psychische Anspannung und Belastungen führen dazu, dass wir vergessen oder sogar verlernt haben, richtig zu atmen und dadurch den Körper und das Blut ausreichend mit Sauerstoff zu versorgen. Wenn man angespannt ist, atmet man flach (»in die Brust«), dabei wird aber nicht genügend Sauerstoff aufgenommen.
Tiefes entspanntes Aus- und Einatmen führt dazu, dass wir konzentrierter und ruhiger werden, der Kopf wird wieder klarer, wir können besser denken und sind aufnahmefähig für neue Eindrücke.

Die folgenden Spielideen sollen dazu beitragen, dass die Kinder einmal für kurze Zeit auf ihren Atem achten. Verschiedene Atemräume wie Brust und Bauch sollen spielerisch erfahren werden. Zwar erfolgt die Atmung reflexhaft, d.h. nach jedem Ausatemzug erfolgt automatisch ein Einatemzug. Lockerungs- und Entspannungsübungen wirken jedoch auch auf die Atmung ein: Sie wird tiefer, ruhiger und regelmäßiger, der freie Atemfluss wird unterstützt.
Die günstigste Ausgangsposition für Entspannungsübungen, bei denen besonders auf die Atmung geachtet wird, ist die Rückenlage. Die Atmung ist hier freier, Bauch- und Brustkorb können sich ausdehnen. Kopf, Arme und Beine liegen ruhig auf dem Boden auf, die Konzentration kann ganz auf die Atmung gelegt werden.
Die Atemübungen und -spiele sollten, wenn möglich, in der frischen Luft, zumindest aber bei geöffnetem Fenster durchgeführt werden.

Welke Blume

Alter: ab 4 Jahre
Mitspieler: beliebig viele
Material: keines
Ort: Bewegungs- oder Gruppenraum

Spielidee
Die Kinder stehen verteilt im Raum und stellen sich vor, eine Blume zu sein. Die Erzieherin unterstützt diese Vorstellung mit folgenden Hinweisen: Stell dir vor, du bist eine Blume, die für eine kurze Zeit aufblüht und dann wieder zusammenfällt. Z. B. eine Tulpe, die zu wenig Wasser hat, deren Blätter welken und zusammenfallen. Dann wird sie gegossen und blüht wieder auf.
Die Kinder stellen die Blume im Stehen dar, dabei sind die Arme und Hände die Blütenblätter, die beim Aufblühen zur Seite angehoben werden, beim Welken schlaff zur Seite fallen.
Wichtig ist, dass die Kinder beim Aufblühen tief einatmen und beim Zusammenfallen ausatmen.
Die Blume wird mehrfach »gegossen« (die Erzieherin kann symbolisch über jedes Kind Wasser gießen), blüht danach auf und trocknet wieder aus (dabei fällt sie zusammen).

Sternschnuppen

Alter: ab 5 Jahre
Mitspieler: beliebig viele
Material: viele lange Streifen aus Plastikfolie (dünne Abdeckplane), evtl. auch leichte Chiffontücher
Ort: Bewegungs- oder Gruppenraum

Spielidee

Jedes Kind hat einen langen Streifen aus Plastikfolie und probiert, wie es diesen zum Schweben und Fliegen bringen kann. Man kann ihn hochwerfen und mit den Händen auffangen, man kann aber auch versuchen, ihn mit anderen Körperteilen zu fangen.

Nach einer Phase des Ausprobierens kann die Erzieherin konkrete Aufgaben stellen:

Versucht, den Streifen so hoch zu werfen, dass er nur ganz langsam wieder auf die Erde sinkt. Er sieht aus wie eine Sternschnuppe, die über den Himmel huscht.

Vielleicht habt ihr so viel Zeit, dass ihr euch einmal drehen könnt, bevor ihr die Sternschnuppe auffangt.

Nun versucht die Sternschnuppe in Bewegung zu versetzen, *ohne* sie zu berühren.

Treibt sie nur mit dem Atem an – vielleicht zuerst einmal auf dem Boden liegend. Könnt ihr die Sternschnuppe über den Boden pusten und ihr hinterherrutschen, um sie wieder einzuholen?

Versucht einmal, die Sternschnuppe in die Luft zu pusten, könnt ihr sie auch so zum Schweben bringen? Dabei müsst ihr ganz tief und fest ausatmen, denn die Sternschnuppe will immer wieder herunterkommen.

Pusteballon

Alter: ab 4 Jahre
Mitspieler: beliebig viele
Material: Luftballons und Strohhalme
Ort: Bewegungs- oder Gruppenraum

Spielidee
Jedes Kind hat einen aufgeblasenen Luftballon und einen Strohhalm. Der Luftballon soll in Bewegung gebracht werden, ohne dass er berührt wird. Mit dem Strohhalm versuchen die Kinder, den Ballon über den Boden zu pusten.

Variation
Alle Mitspieler haben einen Strohhalm und liegen im Kreis auf dem Boden, in ihrer Mitte liegen mehrere Luftballons. Die Ballons sollen mit Hilfe der Strohhalme einem anderen Kind zugepustet werden.

Vor Schreck umfallen

Alter: ab 5 Jahre
Mitspieler: beliebig viele
Material: keines
Ort: Bewegungs- oder Gruppenraum, besser noch auf einer Wiese

Spielidee
Alle Kinder gehen im Raum umher. Die Erzieherin erzählt eine Geschichte, bei der die Kinder an mehreren Stellen »vor Schreck umfallen«. Natürlich hält der Schreck nicht lange an, die Kinder erholen sich schnell und stehen wieder auf. Sie gehen weiter herum, bis die nächste Schreckensnachricht kommt.
Zunächst erfindet die Erzieherin eine Geschichte, in der viele kleine »Schreckensnachrichten« vorkommen. Natürlich sollten die Nachrichten die Kinder nicht wirklich erschrecken, sondern eher lustig sein. Zum Beispiel: »Morgens klingelt das Telefon, der Kindergarten fällt heute aus.« Oder: »Die Katze hat dein Frühstücksbrot aufgefressen« oder »Ihr macht einen Ausflug in den Zoo. Vor dem Eingangstor hängt ein Schild: Heute geschlossen! Die Tiere machen einen Ausflug«.
Bei jeder dieser Nachrichten hebt die Erzieherin ihre Stimme an, um die Kinder darauf vorzubereiten, dass jetzt gleich eine »Schreckensnachricht« kommt. Bevor die Kinder dann zusammensinken, holen sie tief Luft, dann erst fallen sie zu Boden, wo sie tief weiteratmen.

Variation
Auch die Kinder können Nachrichten verkünden, die die anderen vor Schreck umfallen lassen. Hier gilt ebenfalls: Es sollen keine Nachrichten sein, durch die sich ein anderer wirklich erschrecken könnte.

Hinweis
Das tiefe Einatmen soll den Körper in Anspannung versetzen, beim Ausatmen fallen die Kinder dann entspannt zu Boden (auf einer Wiese macht dies natürlich besonders viel Spaß). Die Verbindung zwischen Atmen und Entspannung kann so deutlich erfahren werden.

Wattepusten

Alter: ab 5 Jahre
Mitspieler: beliebig viele
Material: ein Tisch und viele Wattebällchen, Papierrollen
Ort: Gruppenraum

Spielidee
Mehrere Kinder sitzen um einen großen Tisch herum. Jedes Kind hat ein Wattebällchen, das es durch Pusten über den Tisch schicken will. Es soll möglichst bis zu einem anderen Mitspieler gelangen.

Variation
Zwei Mitspieler sitzen sich am Tisch gegenüber. Vor ihnen stehen jeweils zwei Papierrollen (von Haushalts- oder Toilettenpapier). Diese stellen Tore dar, durch die die Wattebällchen gepustet werden sollen. Gelingt es einem Mitspieler, das Bällchen durch das gegnerische Tor zu pusten, erhält er einen Punkt. Das Tor kann allerdings auch verteidigt werden, indem der Mitspieler ankommende Wattebällchen zurückpustet.

Luftballon

Alter: ab 4 Jahre
Mitspieler: beliebig viele
Material: keines
Ort: Bewegungs- oder Gruppenraum

Spielidee

Die Kinder liegen am Boden und stellen sich vor, sie seien ein Luftballon, der aufgeblasen werden soll. Zunächst liegt der Ballon noch ganz schlaff und leer da. Die Kinder atmen ganz tief ein und aus, dabei wird der Ballon mit jedem tiefen Atemzug dicker. Sie richten sich langsam auf, der Körper wird bei jedem Atemzug ein bisschen mehr angespannt (trotzdem ruhig weiteratmen), die Arme strecken sich und breiten sich zur Seite aus.

Die Kinder stehen auf den Zehenspitzen, der Luftballon ist prall mit Luft gefüllt. Mehr Luft geht nicht in den Ballon hinein.

Nun wird die Luft langsam wieder abgelassen. Man hört die Luft zischen, die Arme fallen schlaff am Körper herunter, langsam sinkt der ganze Körper wieder zu Boden und bleibt dort ganz ruhig liegen.

Variation

Besonders viel Spaß macht es den Kindern, wenn der Luftballon – sobald er schön dick aufgeblasen ist – platzt und sie dann taumelnd zu Boden fallen, wie ein richtiger Ballon.

Möglich ist auch, dass ein Kind herumgeht und die anderen kurz antippt: das ist die Nadel, die die Ballons zum Platzen bringt.

Kuscheltier-Schaukel

Alter: ab 4 Jahre
Mitspieler: beliebig viele
Material: Matten oder Decken als Unterlagen, kleinere Kuscheltiere (Alternative: Sandsäckchen), evtl. Musik als Begleitung
Ort: Bewegungs- oder Gruppenraum

Spielidee
Die Kinder suchen sich einen Platz am Boden und legen sich auf den Rücken (auf eine Matte oder eine Decke).
Jedes Kind hat ein Kuscheltier (alternativ: ein Sandsäckchen), das es sich auf die Brust legt.
Die Kinder sollen nun bewusst auf ihren Atem achten, dazu gibt die Erzieherin folgende Hinweise:
Atme tief durch die Nase ein und verfolge, wohin die Luft strömt. Du kannst die Luft in der Brust und in der Lunge spüren, du kannst aber auch ganz tief in den Bauch einatmen.
Atme tief aus und lasse dir dabei Zeit. Spüre deinen Atem – wie er ganz ruhig und regelmäßig in deinen Körper strömt und wieder herausfließt.
Nun beobachte das Kuscheltier auf deiner Brust. Es bewegt sich nach oben, wenn du einatmest, und sinkt wieder herunter, wenn du ausatmest.
Anschließend wird das Kuscheltier auf den Bauch gelegt. Auch hier wird es durch tiefe Ein- und Ausatmung auf und ab bewegt.

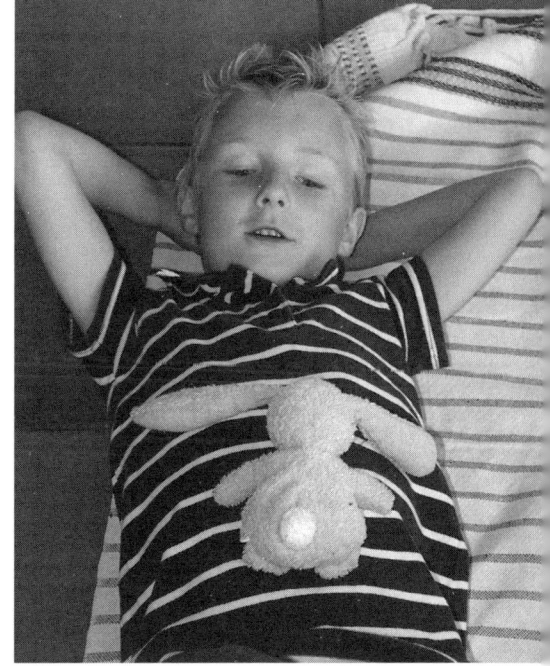

Spannung und Entspannung – die Balance finden

■ Damit Kinder sich überhaupt vorstellen können, was Entspannung bedeutet, ist es hilfreich, Vorstellungsbilder heranzuziehen. So kann man z.B. mit Hilfe eines Gummibandes verdeutlichen, was geschieht, wenn man das Band anspannt bzw. es locker lässt. Zieht man daran, so wird es größer und länger, lässt man wieder locker, so wird es schlaff und auch wieder kürzer.
Diesen Wechsel zwischen Anspannung und Entspannung können Kinder am Beispiel eines richtigen Gummibandes beobachten, sie können aber auch selbst Gummiband spielen.
Die Wahrnehmung des Spannungsgrades der Muskulatur erfolgt über die Tiefensensibilität. Verantwortlich für die Körperwahrnehmung ist das kinästhetische Wahrnehmungssystem. »Kinästhesie« bedeutet die Wahrnehmung der Raum-, Zeit-, Kraft- und Spannungsverhältnisse der eigenen Bewegung. In den Sehnen, Muskeln und Gelenken befinden sich die so genannten Rezeptoren, die für die Tiefenwahrnehmung verantwortlich sind (vgl. Zimmer 2001).
Spannung und Entspannung in der Muskulatur wahrzunehmen ist aber auch die Voraussetzung für den Umgang mit Stresssituationen und für die Bewältigung von Belastungen. Bei Nervosität, körperlicher und psychischer Anspannung erhöht sich der Spannungsgrad der Muskulatur unwillkürlich. Diesem Zustand kann man sich hilflos ausgeliefert fühlen, man kann aber auch aktiv daran arbeiten, wieder lockerer zu werden. Schon die Erfahrung und das Wissen, dass man sich in einer belastenden, angstbesetz-

ten Situation selber helfen kann, trägt dazu bei, dass die Anspannung sich verringert.

Der bewusste Umgang mit An- und Entspannung hilft, zur Ruhe zu kommen und Blockaden zu lösen.

Das Kind gewinnt an Selbstvertrauen, wenn es das Gefühl hat, eine Situation unter Kontrolle zu haben, sie aus eigener Kraft beeinflussen zu können.

Die folgenden Beispiele folgen dem Prinzip der Progressiven Muskelentspannung (siehe S. 31). Schrittweise werden einzelne Muskelgruppen angespannt und dann wieder entspannt. Dies kann durch Spielideen mit konkreten Vorstellungsbildern erprobt werden.

Locker und angespannt

Alter: ab 6 Jahre
Mitspieler: eine kleine Gruppe (ca. 6 – 8 Kinder)
Material: Matte oder Decke als Unterlage
Ort: Bewegungs- oder Gruppenraum

Die Kinder liegen auf dem Rücken auf einer Decke oder auf einer Matte. Sie sollen alle Körperteile nacheinander anspannen und wieder locker lassen. Dabei werden folgende Aufgaben gegeben:
- Spannt einen Arm ganz fest an, so als ob ihr jemandem eure Muskeln zeigen wolltet. Ballt die Hand zu einer Faust und stellt euch dabei vor, ihr würdet einen Schwamm ganz fest ausdrücken.

- Lasst den Arm und die Faust wieder los, lasst sie ganz locker neben dem Körper liegen.
- Und jetzt das Gleiche mit dem anderen Arm und der anderen Hand: den Arm ganz fest anspannen und die Hand zur Faust ballen.
- Jetzt konzentriert euch auf eure Schultern. Zieht sie ganz kräftig nach oben, versucht mit den Schultern die Ohren zu berühren. Lasst die Schultern wieder fallen, sie sind nun angenehm locker und entspannt.
- Als Nächstes ist der Bauch dran: Versucht, den Bauch einzuziehen, so, als ob ihr eine zu enge Hose anhättet und den Reißverschluss zuziehen wollt. Danach die Bauchmuskeln wieder lockern.
- Und jetzt konzentriert euch auf das rechte Bein: Streckt es aus und stellt euch dabei vor, ihr wolltet mit der Fußspitze einen entfernt liegenden Gegenstand erreichen. Anschließend lockern.
- Zum Schluss wird auch noch die Stirn gerunzelt: Macht ein ganz grimmiges, böses Gesicht und beißt die Zähne fest zusammen. Anschließend wieder lockern.
- Jetzt ist euer ganzer Körper entspannt. Öffnet jetzt langsam die Augen und richtet euch auf. Reckt und streckt eure Arme, vielleicht auch die Beine und setzt euch wieder hin.

Hinweis

In einem anschließenden Gespräch können sich die Kinder darüber austauschen, was sie in den betreffenden Muskelpartien gespürt haben. Wie fühlen sich die Muskeln im Arm an, spürt man einen Unterschied zwischen den beiden Armen? Hat sich die Atmung verändert?

Gummiband

Alter: ab 6 Jahre
Mitspieler: beliebig viele
Material: Matte oder Decke, Hintergrundmusik
Ort: Bewegungs- oder Gruppenraum

Spielidee
Die Kinder stellen sich vor, ihre Gliedmaßen seien aus Gummi. Die Erzieherin unterstützt diese Vorstellung mit konkreten Anleitungen:
Stell dir vor, jemand zieht deinen Arm an den Fingerspitzen nach oben. Dabei wird dein Arm immer länger, wie ein Gummiband, das man ganz weit auseinander ziehen kann. Dann schwindet die Spannung langsam, das Gummiband gibt nach, der Arm sinkt langsam wieder nach unten auf den Boden und liegt nun schlaff neben deinem Körper. Schließe dabei die Augen, dann kannst du besser spüren, was in dir passiert.
Nun versuche dasselbe mit dem anderen Arm und dann auch mit den Beinen.

Variation
Die Kinder stellen sich vor, dass an ihren Händen oder Füßen ein Gummiband befestigt ist, an dem jemand ganz leicht zieht. Was wird passieren?

Hinweis
Musik kann die langsamen, fließenden Bewegungen unterstützen. Geschlossene Augen helfen dabei, in sich hineinzuspüren.
Diese Aufgabe ist eher für ältere Kinder geeignet, da sie eine gewisse Vorstellungskraft voraussetzt.

Fliegen aus der Luft fangen

Alter: ab 5 Jahre
Mitspieler: beliebig viele
Material: keines
Ort: Bewegungs- oder Gruppenraum

Spielidee
Die Kinder stellen sich vor, dass über ihren Köpfen Fliegen surren. Diese Fliegen wollen sie mit den Händen fangen. Dazu müssen sie sich dehnen und strecken, die Arme nach oben recken und nach den Fliegen greifen. Zwischendurch können die Arme zum Ausruhen auch mal wieder herunterhängen.
Ganz oben fliegt noch eine Fliege – ob die Kinder sie erreichen?

Variation
Statt Fliegen können die Kinder sich auch vorstellen, Seifenblasen zu fangen.

Aufzug

Alter: ab 3 Jahre
Mitspieler: beliebig viele
Material: keines
Ort: Bewegungs- oder Gruppenraum

Spielidee
Zwei Kinder stehen Rücken an Rücken, haken sich mit den Armen ein und versuchen, sich gemeinsam langsam hinzusetzen. Nun setzen sie die Fußsohle ganz fest auf den Boden auf, drücken ihre Rücken wieder aneinander und können so ohne allzu große Kraftanstrengung zusammen wieder aufstehen. Wie ein Aufzug oder wie ein Fahrstuhl kann man nun »hinauf- und hinunterfahren«.

1. Variation
Beide Kinder sitzen Rücken an Rücken und versuchen – ohne sich festzuhalten – sich gegenseitig wegzudrücken. Wenn die Kraft sehr groß ist und beide gleichmäßig schieben, können sie (fast) ohne Anstrengung aufstehen.

2. Variation
Man kann auch mit mehreren Kindern einen Aufzug bauen. Hierbei ist es am besten, aus dem Sitzen zu beginnen: Vier oder fünf Kinder setzen sich Rücken an Rücken dicht nebeneinander in einen Kreis und versuchen nun, gemeinsam aufzustehen.

Hinweis
Diese Aufgabe dient der Wahrnehmung der eigenen Körperkraft und -spannung. In der Übung selbst ist keine spezielle Entspannungsphase vorgesehen, deswegen kann anschließend eine Ruheübung ausgeführt werden.

Luftmatratze aufpumpen

Alter: ab 5 Jahre
Mitspieler: beliebig viele
Material: Matte oder Decke als Unterlage
Ort: Bewegungs- oder Gruppenraum, auch im Freien möglich

Spielidee

Die Kinder liegen am Boden. Sie stellen sich vor, eine Luftmatratze zu sein, die nun aufgepumpt wird. Zuerst ist der obere Teil der Luftmatratze dran: Die Erzieherin macht das Geräusch eines Blasebalges nach, bei jedem Atemauspusten wird die Luftmatratze ein Stückchen größer, praller mit Luft gefüllt. Wenn die Atemstöße nur noch ganz kurz kommen, ist sie voller Luft. Nun überprüft die Erzieherin, ob die Luftmatratze auch fest ist: Sind die Muskeln angespannt? Hierzu werden die Arme nacheinander angehoben. Anschließend wird die Luft wieder abgelassen, der »Stöpsel wird gezogen«, die Spannung entweicht ganz langsam.
Nun ist der untere Teil der Luftmatratze dran.

Variation

Die gleiche Aufgabe kann man auch mit einem Partner ausführen. Dieser pumpt, unterstützt durch laute Blasgeräusche, die Luftmatratze pantomimisch auf. Das am Boden liegende Kind spannt dabei langsam den Körper an. Abschließend wird das Ventil geöffnet und die Luft der »Matratze« entweicht laut zischend.

Ein Langschläfer erwacht

Alter: ab 5 Jahre
Mitspieler: max. 10 – 12
Material: Matten, Decken
Ort: Bewegungs- oder Gruppenraum

Spielidee

Die Kinder liegen auf einer Matte oder Decke am Boden. Sie stellen sich vor, im Bett zu liegen und keine Lust zum Aufstehen zu haben. Die Erzieherin unterstützt diese Vorstellung mit konkreten Anleitungen:

Stellt euch vor, ihr liegt morgens im Bett und es ist eigentlich längst höchste Zeit zum Aufstehen. Aber ihr habt keine rechte Lust, aus dem kuscheligen Bett zu kriechen. Irgendwann machen dann doch die Arme den ersten Versuch: Sie recken und strecken sich, aber schon nach kurzer Zeit sinken sie wieder zurück. Schließt die Augen, noch ein paar Minuten könnt ihr liegen bleiben.

Nun wird das rechte Bein vom schlechten Gewissen gepackt: Es will raus aus dem Bett, es streckt sich in verschiedene Richtungen, gibt jedoch auch wieder auf und fällt zurück. Genießt es, noch ein paar Minuten im Bett zu liegen.

Nacheinander machen alle Körperteile den Versuch, den Langschläfer zum Aufstehen zu bewegen. Es siegt aber jedes Mal die Faulheit und ihr sinkt zurück ins warme, weiche Bett.

Doch dann zum Schluss, wenn Arme und Beine schon aufgegeben haben, setzt sich der Langschläfer im Bett auf und steht auf ...

Samenkörner wachsen

Alter: ab 5 Jahre
Mitspieler: beliebig viele
Material: keines
Ort: Bewegungs- oder Gruppenraum

Spielidee
Die Kinder liegen zusammengekauert auf der Erde. Sie sind Samenkörner, aus denen kleine Pflanzen wachsen. Die Erzieherin unterstützt diese Vorstellung mit konkreten Anleitungen:
Die Sonne scheint auf das Samenkorn, es fängt an zu sprießen und langsam aus der Erde herauszuwachsen. (Kinder recken und strecken sich am Boden.)
Aus dem Samenkorn ist jetzt eine Pflanze geworden, die weiterwächst und immer größer wird. (Die Kinder richten aus ihrer zusammengekauerten Haltung langsam auf.)
Aus der Pflanze sprießt sogar eine schöne Blüte (den Kopf aufrichten).
Jetzt wachsen die Blätter der Blume (Arme zur Seite ausstrecken), sie werden immer größer und entfalten sich.
Der Wind weht, die Blume wiegt sich hin und her. Aber nach einiger Zeit welkt die Blume und fällt in sich zusammen. (Die Kinder sinken wieder in ihre zusammengekauerte Stellung auf den Boden zurück).

Hinweis
Das Wachsen der Blume aus dem Samenkorn, das Aufblühen und Verwelken kann auch mehrere Male hintereinander von den Kindern gespielt werden.

Der schmelzende Schneemann

Alter: ab 4 Jahre
Mitspieler: beliebig viele
Material: keines
Ort: Bewegungs- oder Gruppenraum

Spielidee
Diese Übung wird im Stehen durchgeführt. Jedes Kind stellt sich vor, ein Schneemann zu sein, der im kalten Winter aufgebaut wurde. Die Erzieherin unterstützt diese Vorstellung mit konkreten Anleitungen:
Stolz und ganz aufrecht steht der Schneemann in der Wintersonne; in der einen Hand hat er einen Besen, die andere Hand hat er in die Hüfte gestemmt.
Aber die Mittagssonne brennt heiß auf den armen Schneemann; langsam beginnt er zu schmelzen, die ersten Tropfen fallen bereits auf den Boden. Dann lässt er den Besen fallen, auch die Hand kann er nicht mehr aufstützen.
Der Schneemann wird immer kleiner, bis er schließlich zu Boden sinkt.

Hinweis
Der Schneemann kann natürlich in der Nacht auch wieder aufgebaut werden oder in der Gefriertruhe regenerieren. So kann der Wechsel zwischen Anspannung und Entspannung mehrfach erfahren werden.

Wege zur Verbesserung der Wahrnehmung und Konzentration

▪ Sich zu konzentrieren bedeutet, intensiv wahrzunehmen, die Aufmerksamkeit auf eine Sache zu lenken und eine gewisse Zeit dabei verweilen zu können. Dies fällt vielen Kindern heute sehr schwer, die Gestaltung ihrer Alltagswelt lässt ihnen oft aber auch kaum mehr Gelegenheit dazu.
Meistens gewinnen wir Informationen aus unserer Umwelt gleichzeitig über mehrere Sinneskanäle. Dabei ist der Sehsinn dominant, er vermittelt uns die meisten Informationen über unsere Umwelt. Somit gehört das Auge zu den Sinnesorganen, die am meisten gebraucht werden, im Alltag wird es dadurch allerdings auch häufig mit Sinneseindrücken überlastet.
Bei den folgenden Sinnesübungen wird die Vielfalt der Eindrücke, die im Alltag auf uns einströmen, reduziert. Anregungen, bei denen einzelne Sinne durch spielerische Aufgabenstellungen ausgeschaltet werden, aktivieren die anderen Sinne, sie müssen größere Leistungen erbringen, um die Aufgabe lösen zu können. Wenn die Augen geschlossen sind, werden viele ablenkenden Reize aus der Umgebung ausgeschaltet, andere Sinne sind dann umso stärker gefordert. Wird zum Beispiel der Sehsinn eingeschränkt, so intensivieren sich der Tast-, der Hör- und der Geruchssinn und die Körperwahrnehmung. Die Aufmerksamkeit wird auf innere Erlebnisse und Gefühle fokussiert.

Bei den nachstehenden Aufgaben haben die Kinder die Möglichkeit, sich auf die Arbeit eines Sinnessystems zu konzentrieren. So wird die Leistung, aber auch die Qualität der dadurch entstandenen Wahrnehmungsprozesse erfahrbar, das Hören beispielsweise wird intensiver, das Tasten verfeinert. Gleichzeitig wird auch die Empfindungs- und Wahrnehmungsfähigkeit des entsprechenden Sinnessystems trainiert.

Stille und Ruhe sind Begleiterscheinungen bei der Lösung der Aufgabe. Manchmal muss die Erzieherin darauf hinweisen, dass alle Kinder still werden, manchmal entsteht die Stille aber auch von selbst. Voraussetzung für intensive sinnliche Wahrnehmung ist eine bewusste Lenkung der Aufmerksamkeit.

Daher sind die Spielideen auch meist mit einem hohen Grad an Anspannung verbunden; die Kinder müssen sich intensiv auf eine Sache konzentrieren.

Zur Entspannung tragen die Spiele also nicht bei, wohl aber zur Förderung und Verbesserung der Konzentrationsfähigkeit. Die Spiele sollten also nicht über einen allzu langen Zeitraum ausgeführt werden, die Kinder signalisieren meist aber von selbst, wenn ihre Konzentration erschöpft ist.

Bewegungsspiele können dann einen guten Ausgleich bringen, sie können sogar entspannend wirken.

Geheimnisvolle Geräusche

Alter: ab 4 Jahre
Mitspieler: 10 – 12
Material: Gegenstände, mit denen Geräusche erzeugt werden können
Ort: Bewegungs- oder Gruppenraum

Spielidee

Die Kinder sitzen im Halbkreis und schließen die Augen. Sie stellen sich vor, es sei dunkel, der Strom im ganzen Haus sei ausgefallen, so dass kein Licht angemacht werden kann. Im Dunkeln hören sie nun einige geheimnisvolle Geräusche. Sie versuchen herauszufinden, von was sie herrühren bzw. wie sie zustande gekommen sind.
Die Erzieherin macht Geräusche mit verschiedenen Gegenständen, sie rasselt z.b. mit ihrem Schlüsselbund oder mit einer Zeitung, sie lässt auf einem Teller eine Murmel kreisen, sie prellt einen Ball auf den Boden oder lässt einen Stab über den Boden rollen. Die Kinder sollen die Geräusche erkennen und nach dem Öffnen der Augen sagen, mit welchem Gegenstand sie erzeugt worden sind.

Hinweis

Intensive Hörerlebnisse sind vor allem dann möglich, wenn der Sehsinn ausgeschaltet wird. Mit geschlossenen Augen gelingt die Konzentration auf das Gehörte sehr viel besser, da die Augen keine zusätzlichen Informationen liefern.
Ob die Augen lediglich geschlossen oder aber mit einem Tuch verbunden, ob Masken gebastelt und aufgesetzt werden oder ein Stirnband über die Augen gezogen wird, das sollte die Erzieherin gemeinsam mit den Kindern entscheiden. Schade ist nur, wenn die Kinder – ohne es eigentlich zu wollen – im spannendsten Moment der Aufgabe dann doch die Augen öffnen.

Geisterwald

Alter: ab 4 Jahre
Mitspieler: 10 – 12
Material: einfache Geräuschquellen, z.B. Schlüsselbund, Schleuderrohr, mit Erbsen gefüllte Dose etc.
Ort: Bewegungs- oder Gruppenraum

Spielidee
Die Kindergruppe sitzt auf dem Boden, die Augen sind geschlossen. Alle sind ganz leise, damit sie hören können, ob und von wo etwas zu hören ist.
Die Erzieherin steht etwas entfernt von der Gruppe, sie spielt den »Geist« und macht ein Geräusch. Die Kinder sollen herausfinden, wo sich der Geist befindet. Jedes Kind zeigt mit dem Finger auf die Stelle, von der es glaubt, dass hier das Geräusch entstanden ist.
Der Geist verändert bei jeder Wiederholung leise seine Position.

1. Variation
Mehrere Geister und Gespenster stehen im Raum verteilt um die Gruppe herum. Sie haben Geräusch- oder Klanginstrumente in der Hand. Auf ein Zeichen der Erzieherin hin, bewegt nun im Wechsel jeweils eines der Kinder sein Instrument. Die am Boden sitzenden Mitspieler sollen erkennen, woher das Geräusch kam, und in die entsprechende Richtung zeigen.

2. Variation
Statt des Geräusches kann jeder Geist und jedes Gespenst auch mit der Stimme einen schaurigen, heulenden Ton (huiii...) produzieren oder einen Satz sagen. Die Mitspieler versuchen herauszufinden, wer den Satz gesprochen hatte und wo das Gespenst steht.

Hinweis
Bei diesem Spiel zur auditiven Wahrnehmung geht es darum, eine Geräuschquelle zu lokalisieren. Dieses »Richtungshören« erfordert von den Kindern besonders viel Konzentration.

Knochen bewachen

Alter: ab 3 Jahre
Mitspieler: 8–10
Material: Sandsäckchen, Holzklotz o.Ä.
Ort: Bewegungs- oder Gruppenraum, auch im Freien

Spielidee
Die Kinder sitzen im Kreis. In der Mitte sitzt ein Kind mit geschlossenen Augen, es spielt einen Hund, der seinen Knochen bewacht. Der Hund ist allerdings eingeschlafen, er hat die Augen geschlossen. Als Knochen wird ein beliebiger Gegenstand genommen (Sandsäckchen, Holzklotz o.Ä.).
Ein Kind aus dem Kreis versucht nun vorsichtig, den Knochen des Hundes zu stehlen. Bemerkt der Hund den Knochendieb, zeigt er mit der Hand in die Richtung, aus der er gekommen ist. Stimmt die Richtung, muss der Dieb zurück an seinen Platz gehen und ein anderer Spieler darf versuchen, unbemerkt an den Knochen zu kommen. Stimmt die Richtung nicht, darf der Knochendieb weiterschleichen, und zwar so lange, bis er erwischt worden ist. Gelingt es dem Dieb, den Knochen zu stehlen, so darf er in der nächsten Spielrunde der Hund sein.

Tastquiz

Alter: ab 3 Jahre
Mitspieler: 6 – 8
Material: mehrere Alltagsgegenstände, die sich vom Material und der Oberflächenbeschaffenheit her unterscheiden
Ort: Gruppenraum

Spielidee
Unter einer Decke sind verschiedene Gegenstände, alle mit unterschiedlicher Oberflächenbeschaffenheit, versteckt. Sie fühlen sich z.B. kalt, flauschig, hart, weich an, es könnten also u.a. ein Softball, ein Plastikspielzeug und ein Löffel sein.
Mit den Händen versuchen die Kinder nun durch Tasten zu erkennen, was unter dem Tuch liegt, sie beschreiben, wie sich der entsprechende Gegenstand anfühlt.

1. Variation
Ein Kind beschreibt, wie sich ein Gegenstand anfühlt, die anderen versuchen zu erraten, um was es sich handeln könnte.

2. Variation
Von jedem Gegenstand ist ein Paar vorhanden. Ein Exemplar darf sich jedes mitspielende Kind auswählen, das andere Exemplar liegt unter der Decke. Der Reihe nach versuchen die Kinder, das Pendant zu ihrem Gegenstand unter der Decke zu ertasten. Haben sie es gefunden, holen sie es hervor. Und damit die Aufgabe für die Kinder, die zuletzt an der Reihe sind, nicht zu leicht wird, liegen noch ein paar andere Dinge unter der Decke.

Abschleppwagen

Alter: ab 4 Jahre
Mitspieler: 10 – 12
Material: Wolldecke, Bettlaken oder Schwungtuch
Ort: Bewegungsraum

Spielidee
Ein Kind sitzt oder liegt auf der Wolldecke, zwei andere Kinder fassen die Decke und ziehen sie mitsamt dem Kind durch den Raum. Auf der Decke kann man natürlich nicht nur sitzen oder liegen, sondern auch knien oder sogar stehen; dann wird das Gleichgewichthalten aber ganz schön schwer. Vor allem beim Starten und Stoppen kann man leicht hinfallen.

Variation
Anstelle der Wolldecke kann das Spiel auch mit einem großen Schwungtuch durchgeführt werden. Darauf haben mehrere Kinder Platz, allerdings müssen dann auch mehrere beim Ziehen helfen.

Hinweis
Diese Aufgabe hat die Intensivierung der Körperwahrnehmung (bei denen, die das Tuch ziehen) und des Gleichgewichts (bei denen, die sich auf dem Tuch befinden) zum Ziel.

Detektiv Scharfauge

Alter: ab 4 Jahre
Mitspieler: beliebig viele
Material: keines
Ort: Bewegungs- oder Gruppenraum

Spielidee
Die Kinder sitzen im Kreis. Einer wird zum Detektiv »Scharfauge« ernannt. Wie der Name bereits vermuten lässt, kann er scharf beobachten, außerdem merkt er sich jedes Detail. Der Detektiv schaut sich seine Mitspieler genau an und prägt sich ihr Äußeres so gut wie möglich ein. Während er dann vor der Tür wartet, verändern einige der im Kreis sitzenden Kinder ihr Äußeres. So kann zum Beispiel ein Kind seine Brille abnehmen oder seine Haarspange lösen, ein anderes kann seine Kette weitergeben etc. Dann wird der Detektiv hereingerufen. Er soll nun herausfinden, was sich an den Mitspielern verändert hat.

Variation
Auf einer Decke liegen einige Gegenstände, die in einer bestimmten Weise bzw. Reihenfolge angeordnet sind (z.B.: ein Ball in einem Reifen, zwei Stäbe, die nebeneinander liegen, usw.). Der Detektiv schaut sich die Sachen an und verlässt kurz den Raum. Die Mitspieler verändern nun die Lage der Gegenstände, nehmen einen weg oder fügen einen hinzu. Der Detektiv muss erkennen, was sich auf der Decke verändert hat.

Zublinzeln

Alter: ab 3 Jahre
Mitspieler: beliebig viele, aber eine ungerade Zahl
Material: Stühle
Ort: Bewegungs- oder Gruppenraum

Spielidee
Die Kinder bilden Paare. Jeweils einer der beiden Partner setzt sich in einen Stuhlkreis, der andere Partner steht hinter dem entsprechenden Stuhl. Ein Stuhl bleibt frei, dahinter steht aber trotzdem ein Kind. Dieses blinzelt nun einem der sitzenden Kinder zu, um es mit diesem Signal zu sich zu rufen. Sobald das »angeblinzelte« Kind gemerkt hat, dass es gemeint ist, läuft es schnell zu dem freien Stuhl und setzt sich. Nun ist das Kind an der Reihe, das hinter dem frei gewordenen Stuhl steht. Es blinzelt einem neuen Partner zu.

Variation
Wenn die Kinder das Blinzeln beherrschen und auch die Signale entsprechend deuten, kann das Spiel erweitert werden: Wenn der hinter dem Stuhl Stehende bemerkt, dass sein Partner angeblinzelt wird, darf er ihn schnell festhalten (ansonsten hält er seine Arme aber hinter dem Rücken).
Das Spiel kann auch ohne Stühle durchgeführt werden, dann stehen beide Partner hintereinander. Auch hier hält der hintere die Hände auf seinem Rücken.

Inselhüpfen

Alter: ab 3 Jahre
Mitspieler: beliebig viele
Material: mehrere Matratzen in unterschiedlichen Größen
Ort: Bewegungs- oder Gruppenraum

Spielidee

Im Raum liegen mehrere Matratzen in unterschiedlichen Abständen verteilt auf dem Boden. Sie stellen kleine Inseln im Meer dar. Die Kinder springen und hüpfen von einer Insel zur anderen, bei der Landung müssen sie aufpassen, dass sie nicht hinfallen, denn die Inseln sind ganz schön wackelig. Wie sie von einer Insel zur anderen kommen, ist ihnen freigestellt (im großen Schritt hinüberspringen, mit zwei Füßen gleichzeitig abspringen, mit den Armen aufstützen und mit den Füßen nachspringen etc.), sie dürfen jedoch nicht ins »Wasser« treten.

Ruhephase

Auf den Matteninseln kann man aber auch hin und wieder eine Ruhepause einlegen, sich hinlegen und sich vielleicht von einem Inselbewohner (einem anderen Kind) mit einem Tennisball den Rücken massieren lassen.

Hinweis

Die instabilen Unterlagen fordern die vestibuläre Wahrnehmung heraus. Manchmal werden die Kinder nicht nur springen, sondern sich auch von einer Matte zur anderen werfen, eine gemeinsame Ruhephase kann dann für alle sinnvoll sein.

»Mit den Händen sehen« – Der Fühlsack

Alter: ab 3 Jahre
Mitspieler: 6–8
Material: ein Kopfkissenbezug, verschiedene Alltags- oder Spielgegenstände
Ort: Bewegungs- oder Gruppenraum

Spielidee
In einem Kopfkissenbezug stecken verschiedene Gegenstände (eine Nuss, ein Tannenzapfen, ein Stein, ein Löffel, ein Korken, eine Wäscheklammer etc.). Jedes Kind darf in das Kissen greifen und versuchen, einen Gegenstand zu ertasten. Nachdem es ihn benannt hat, holt es ihn heraus und überprüft, ob es richtig geraten hat.

Variation
Nur ein einziger Gegenstand liegt im Sack oder unter einem Tuch. Der Reihe nach greift jedes Kind in den Sack, ertastet den Gegenstand, sagt jedoch nicht, was es erkannt hat, sondern reicht den Sack dem nächsten weiter. Wenn alle einmal dran waren – jeder kann so lange tasten, bis er den Gegenstand erkannt zu haben glaubt – nennt jedes Kind einen Begriff, mit dem es den Gegenstand beschreiben würde. Wo wird er gebraucht? Wie fühlt er sich an? Der mitspielende Erwachsene versucht zu erkennen, ob alle das Gleiche meinen. Erst zum Schluss wird der Gegenstand beim Namen genannt und aus dem Kissenbezug herausgeholt.

Hinweis
Durch das Ertasten wird auch das Sehen intensiviert. Wenn wir einen Gegenstand mit den Händen ertasten und diese Eindrücke festgehalten haben, nehmen wir ihn auch mit den Augen anders wahr.

Spürhunde

Alter: ab 5 Jahre
Mitspieler: 6 – 8
Material: stark duftende Gegenstände (Parfum, Seife, Gewürze, Duftlampe o. Ä.)
Ort: Bewegungs- oder Gruppenraum

Spielidee
Bei den Tieren ist der Geruchssinn viel stärker ausgeprägt als bei den Menschen. Wie wäre es, wenn sich die Kinder einmal als Spürhunde versuchen, die eine Spur genau verfolgen können. Zum Training des Geruchssinns wird im Raum in Bodennähe eine stark riechende Duftquelle versteckt, die es aufzuspüren gilt. Die Spürhunde kriechen auf allen vieren durch den Raum und versuchen, die Duftquelle zu finden.

Hinweis
In einem eng umgrenzten Raum kann die oben beschriebene Aufgabe auch mit geschlossenen Augen durchgeführt werden. Dann darf man sich allerdings nicht allein auf das Finden der Duftquelle konzentrieren. Genauso wichtig ist es, gut auf die anderen Mitspieler zu achten, denn beim Kriechen trifft man auch auf andere »Spürhunde«, mit denen man nicht zusammenstoßen darf.

Schaukelmatte

Alter: ab 3 Jahre
Mitspieler: beliebig viele
Material: Matte oder Schaukeltuch, an der Decke aufgehängt
Ort: Bewegungs- oder Gruppenraum

Spielidee
An der Decke des Bewegungs- oder des Gruppenraumes wird an stabilen Haken ein Schaukeltuch (oder eine Matte an ihren Griffen) aufgehängt.
In diesem Schaukeltuch haben mehrere Kinder Platz. Sie können sich hineinlegen und die leichten Schwingungen des Tuches genießen.
Evtl. kann auch ein anderes Kind das Schaukeltuch von außen anschwingen.

· 10 ·

SPIELERISCHE MASSAGEÜBUNGEN

102 ■ Berührungen tun Kindern sehr gut, vor allem wenn sie von vertrauten Menschen kommen. Bei Berührungen, die angeordnet werden, muss man sehr vorsichtig sein: Können alle Kinder sie zulassen? Ist ihnen die Berührung angenehm? Wollen sie auswählen, von wem sie berührt werden? (Vgl. Anders 2002)

Diese Überlegungen müssen berücksichtigt werden, wenn man die im Rahmen von spielerischen Entspannungsmethoden so beliebten Massagespiele durchführen will. Die intensive taktil-kinästhetische Wahrnehmung wirkt sich tatsächlich entspannend aus, aber nur, wenn die Berührung insgesamt als angenehm empfunden wird. Daher gilt es zunächst einmal Formen der Massage zu finden, bei denen die Kinder selbst bestimmen können, wie nahe der andere ihnen kommt (siehe Spielidee »Autopolierstation«).

Als Einstieg in eine Partnermassage kann der Einsatz von Tennisbällen oder anderen Massagegegenständen hilfreich sein. Das Massieren gelingt durch die runden Bälle gleichmäßiger, der Druck kann leichter verändert werden.

Bei der Tennisballmassage treten zwar die Partner miteinander in körperlichen Kontakt, sie berühren sich aber nicht. Der Kontakt wird über das Medium Ball hergestellt. Nicht alle Kinder wollen den Kontakt in unmittelbarer Form, wie es bei den Massageübungen und -spielen üblich ist, zulassen. Außerdem können Kinder beim Massieren mit den Händen unter Umständen viel falsch machen, wenn sie nicht sensibel genug mit dem anderen umgehen oder sich nicht richtig einfühlen können. Ein Ball oder eine Holzkugel (oder etwas Vergleichbares) sind leichter zu handhaben.

Im Vorfeld sollte mit den Kindern unbedingt darüber gesprochen werden, dass jeder sagen kann, wenn er bestimmte Berührungen nicht möchte oder sich nicht an dem Spiel beteiligen will.

Die meisten Entspannungsübungen werden in der Rückenlage durchgeführt, bei Körpermassageübungen dagegen ist die Bauchlage vorzuziehen, da Berührungen auf dem Rücken als angenehmer empfunden werden und die Intimsphäre nicht so leicht verletzt wird.

Bevor Körpermassagespiele durchgeführt werden, sollten zunächst einmal einfache Formen des Körperkontaktes erprobt werden. Dazu gehören z.B. Begrüßungsrituale, aber auch Kämpf- und Raufspiele, bei denen sowohl Kontakt miteinander aufgenommen wird als auch in spielerischer Form die Kräfte gemessen werden können.

Begrüßung international

Alter: ab 3 Jahre
Mitspieler: beliebig vieles
Material: keines
Ort: Bewegungs- oder Gruppenraum

Spielideen
In jedem Land begrüßt man sich auf eine andere Art. In asiatischen Ländern z.B. berührt man sich gar nicht, sondern legt nur die eigenen Hände aneinander und verneigt sich voreinander. In anderen Ländern gibt man sich die Hand oder umarmt sich. Die Erzieherin macht jetzt gemeinsam mit den Kindern eine Weltreise. Dabei werden die Begrüßungsformen in allen möglichen Ländern ausprobiert. Natürlich können auch einfach welche dazu erfunden werden.

Alle gehen durch den Raum und begrüßen sich, wenn sie einander begegnen. Auf Zuruf der Erzieherin können sie

- die Hände aneinander klatschen,
- sich die Füße reichen,
- sich auf die Schultern klopfen,
- mit dem Rücken aneinander stoßen,
- sich auf die Nasenspitzen tippen,
- sich am Ohrläppchen ziehen,
- die Fäuste gegeneinander stoßen,
- sich zuwinken,
- usw.

Variation
Die Begrüßungsspiele lassen sich mit Musik verbinden. Solange die Musik zu hören ist, gehen und laufen alle durch den Raum, sie erkunden das neue Land, wenn die Musik eine Pause macht, haben die neuen Besucher des Landes Zeit, sich gegenseitig auf eine von der Spielleiterin vorgesehene Weise zu begrüßen.

Sandsäckchen spüren

Alter: ab 3 Jahre
Mitspieler: 10 – 12
Material: Sandsäckchen mit unterschiedlichem Gewicht
Ort: Bewegungs- oder Gruppenraum

Spielidee
Die Kinder legen sich auf den Boden (Bauch- oder Rückenlage) und schließen die Augen. Die Erzieherin legt behutsam Sandsäckchen auf einzelne Körperteile der Kinder. Diese sollen spüren, auf welchen Körperteilen sich die Materialien befinden. Nun werden die Materialien einzeln wieder abgenommen. Sobald die Kinder das Gefühl haben, dass nichts mehr auf ihnen liegt, öffnen sie die Augen. Sie können nun berichten, auf welchen Körperteilen die Sandsäckchen gelegen haben.

Variation
Die Kinder bilden Paare. Ein Kind legt sich auf den Boden, der Partner kniet sich daneben und »belegt« den anderen behutsam mit dem Sandsäckchen. Dieser soll spüren, ob es sich um einen schweren (2 Kilo) oder einen leichten (1 Kilo) Sandsack handelt. Es können auch mehrere Sandsäckchen übereinander gelegt werden.

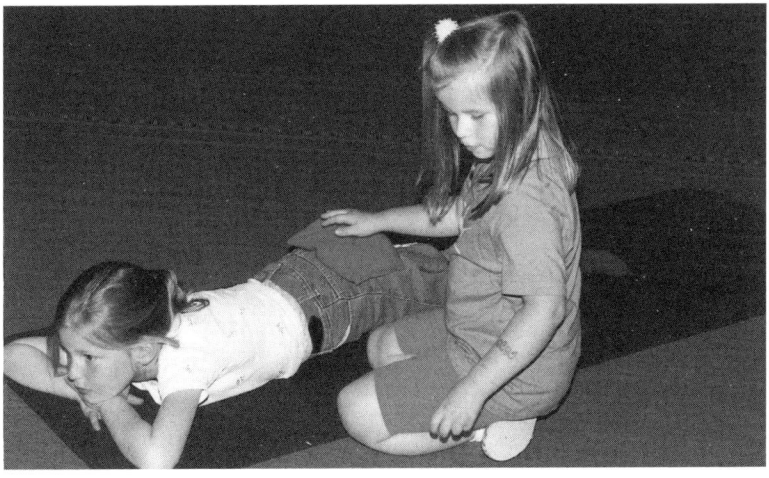

Ballmassage

Alter: ab 3 Jahre
Mitspieler: beliebig viele
Material: kleine Bälle (Tennisbälle, Softbälle, Igelbälle), Matte oder Decke als Unterlage
Ort: Bewegungs- oder Gruppenraum

Spielidee
Die Kinder bilden Paare; jeweils ein Kind legt sich auf den Bauch auf den Boden oder auf eine Unterlage (Decke oder Matte). Der Partner hat einen kleinen Ball (Tennisball, Softball oder Igelball) und kniet neben ihm. Der »Masseur« lässt seinen Ball auf dem Rücken des Partners mit unterschiedlichem Druck hin- und herrollen. Das Kind, das massiert wird, darf bestimmen, wie fest der Druck sein soll.

Abschließend kann in der Gruppe besprochen werden, an welchen Stellen das Rollen als besonders angenehm bzw. als weniger angenehm empfunden wurde.

Variation
Manchen Kindern gefällt die Vorstellung, dass der Ball ein Igel ist, der über den Rücken kugelt.

Autopolierstation

Alter: ab 3 Jahre
Mitspieler: beliebig viele
Material: Rollbretter, ein aus Bänken und Matten gebauter Tunnel, zwei Tennisbälle
Ort: Bewegungs- oder Gruppenraum

Spielidee

Die Kinder fahren auf Rollbrettern durch den Raum. Im Raum befinden sich Hindernisse (kleine Kästen, Pylone etc.), um die sie herum oder unter denen sie hindurchfahren können. In der Mitte des Raumes ist ein Tunnel, die Autopolierstation, aufgebaut (zwei Bänke oder zwei kleine Kästen, zwischen denen eine Matte eingeklemmt wird.)
Am Ende des Tunnels befindet sich die »Polierstation« der Waschanlage. Die Autofahrer können hier ihr Auto polieren lassen. Sie werden mit zwei Tennisbällen von der Erzieherin (oder auch von anderen Kindern) blank poliert. Dazu werden die Tennisbälle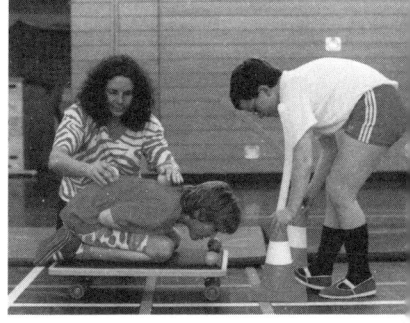
auf dem Rücken herumgerollt. Jeder Autofahrer darf auswählen, ob er das »Sparprogramm«, das »Normalprogramm« oder das »Superprogramm« möchte. Entsprechend lang und intensiv fällt die Autopolitur aus.

Hinweise

Jeder Autofahrer entscheidet selbst, ob sein Auto in die Waschanlage fährt. Er kann auch erst einmal ein Kurzprogramm wählen, um auszuprobieren, ob ihm das Polieren gefällt. Das Polieren der Autos ist eine Ruhephase und damit eine angenehme Alternative zum ansonsten doch sehr bewegungsintensiven Rollbrettfahren. So können die Kinder die wohltuende Wirkung einer Massage, die in ein für Kinder spannendes und verständliches Thema eingebunden ist, spüren (vgl. Zimmer 2001 b).

Autowaschstraße

Alter: ab 3 Jahre
Mitspieler: beliebig viele
Material: ein Rollbrett, Bürsten, Tennisbälle, Chiffontücher
Ort: Bewegungs- oder Gruppenraum

Spielidee
Die Kinder bilden eine Autowaschanlage, indem sie sich in zwei Reihen gegenüber knien. Dabei bleibt zwischen beiden Reihen ein Zwischenraum von ca. einem Meter. In der Waschanlage gibt es verschiedene Waschprogramme: Jedes Kind in der Reihe hat eine Bürste, einen Tennisball, ein Chiffontuch oder einen anderen Gegenstand, mit dem das Programm durchgeführt wird. Jetzt kann es losgehen: ein Kind legt sich auf ein Rollbrett und fährt durch die Waschstraße. Es kann das Fahrtempo selbst wählen, das heißt, es bestimmt die Dauer der Wäsche und die Art der Behandlung (z. B. Intensivwäsche, Sparwäsche, nur Polieren, Luftdusche etc.). Ist ein Auto durch die Waschstraße gefahren, ist der nächste Mitspieler an der Reihe.

Variation »Handwaschprogramme«
Es gibt auch noch eine andere Waschanlage, da werden alle Autos von Hand gewaschen, dabei bekommen sie von jedem Paar eine Sonderbehandlung: Mit Fingerspitzen trommelnd wird zunächst einmal Wasser auf das Auto gesprüht, an der nächsten Station wird es eingeschäumt (mit den Händen über den Rücken reiben), dann wird es mit Bürsten bearbeitet (drehende, kreisende Bewegungen mit den Händen) und schließlich wird das Auto abgespült (streichende Bewegungen mit den Händen). Ganz zum Schluss kommt die Trockenanlage: das Auto wird angepustet und abgerieben und ans Ende der Waschstraße geschoben. Bei der Wäsche sollten natürlich auch die Vorder- und Hinterräder (Arme, Beine) nicht vergessen werden.
Jedes Kind darf selbst entscheiden, ob es lieber als Auto durch die Waschstraße fahren will oder ob es an der Waschstraße mitwirken möchte.

Rückenbilder

Alter: ab 5 Jahre
Mitspieler: beliebig viele
Material: Blatt und Stift
Ort: Bewegungs- oder Gruppenraum

Spielidee
Hier handelt es sich um eine Partneraufgabe: Ein Kind liegt auf dem Bauch, das andere malt mit dem Finger eine Zahl auf seinen Rücken. Das am Boden liegende Kind soll erraten, um welche Zahl es sich handelt.

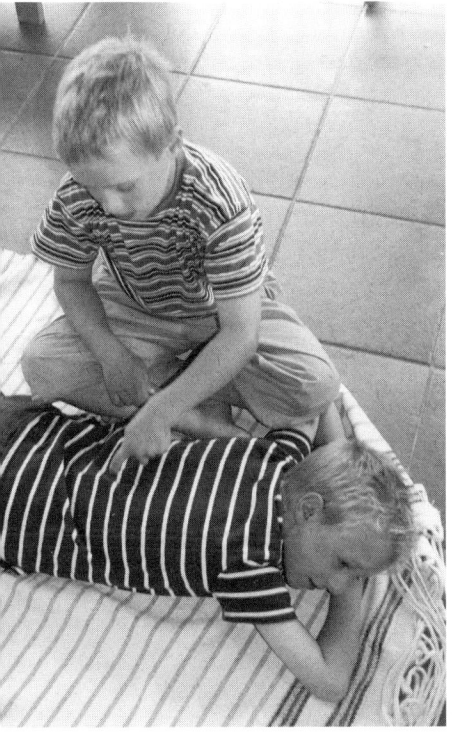

Variation
Wenn die Kinder noch keine Zahlen kennen, können auch Symbole oder Zeichen auf den Rücken gemalt werden (Strich, Kreis, Schlange, Viereck, usw.).

Die Aufgabe kann auch weitergeführt werden: Das ratende Kind soll das Bild, das ihm auf den Rücken gezeichnet wurde, auf einem Papier nachzeichnen. Der Partner darf überprüfen, ob es auch wirklich die Zeichnung war, die er auf den Rücken gemalt hat.

Wetterbericht

Alter: ab 3 Jahre
Mitspieler: beliebig viele
Material: keines
Ort: Bewegungs- oder Gruppenraum

Spielidee
Ein Kind liegt auf dem Boden (Bauchlage), sein Partner kniet neben ihm. Die Kinder stellen sich vor, dass es Abend sei und im Fernsehen gerade der Wetterbericht gezeigt werde. Auf dem Rücken des Partners wird nun das Wetter vom nächsten Tag aufgezeichnet:

Leichter Regen nieselt, es tröpfelt.	*Mit den Fingerspitzen/Fingerkuppen leicht auf den Rücken des Partners trommeln.*
Der Regen wird stärker.	*Festeres Trommeln.*
Ein Platzregen entsteht.	*Mit den Handflächen auf den Rücken patschen oder klopfen.*
Die Sonne scheint und trocknet die Tropfen.	*Mit den Händen leicht über den Rücken streichen.*
Ein Gewitter zieht auf: Schon hört man den ersten Donner.	*Die Fäuste trommeln leicht auf den Rücken.*
Nun fängt es sogar an zu blitzen.	*Mit der Spitze des Zeigefingers Zacken auf den Rücken malen.*
Und jetzt setzt ein klatschender Regenschauer ein.	*Die ganzen Handflächen patschen auf den Rücken.*
Aber bald ziehen die schwarzen Wolken weg und schon zeigt sich wieder die wärmende Sonne.	*Mit den Händen den ganzen Rücken ausstreichen.*

Kuchen backen

Alter: ab 3 Jahre
Mitspieler: beliebig viele
Material: keines
Ort: Bewegungs- oder Gruppenraum

Spielidee

Jeweils zwei Kinder befinden sich auf einer Matte. Eines legt sich auf den Bauch, der Partner ist der Bäcker und darf auf dem Rücken des Partners einen Kuchenteig herstellen:

Zuerst wird Mehl in die Schüssel gesiebt.	*Mit den Fingerspitzen leicht auf den Rücken trommeln.*
Dann wird ein Ei aufgeschlagen und mit dem Mehl vermischt.	*Faust leicht auf den Rücken schlagen, Ei verstreichen.*
Jetzt kommt etwas Milch hinzu und wird verrührt.	*Kreisende Bewegungen mit beiden Händen.*
Der Teig soll süß sein, deswegen muss noch Zucker dazu.	*Mit den Fingerkuppen leichtes Klopfen.*
Alle Zutaten werden nun miteinander verknetet.	*Massierende und knetende Bewegungen auf dem Rücken durchführen.*
Nun wird der Teig ausgerollt.	*Den Unterarm auf dem Rücken hin und her rollen.*
Damit der Teig keine Blasen wirft, wird er an mehreren Stellen mit der Gabel eingestochen.	*Mit zwei Fingerspitzen leicht auf den Rücken pieksen (an verschiedenen Stellen).*
Natürlich muss der Teig noch belegt werden: mit Apfelstücken oder Pflaumen.	*Die Daumen jeder Hand im Wechsel nacheinander auf den Rücken drücken.*
Zum Schluss gibt es noch eine feine Quarksauce als Belag.	*Hände streichen den Rücken aus.*
Der Ofen wird angeheizt und der Kuchen hineingeschoben.	*Hände ganz fest aneinander reiben und die heißen Handinnenflächen schnell auf den Rücken legen.*
Wenn der Kuchen fertig ist, wird er in Stücke geschnitten.	*Mit einem Finger lange Striche auf den Rücken zeichnen.*
Zum Schluss muss nur noch das Backblech gesäubert werden.	*Ausstreichen des Rückens mit den Händen.*

Waldspaziergang

Alter: ab 3 Jahre
Mitspieler: beliebig viele
Material: Matten oder Decken als Unterlage
Ort: Bewegungs- oder Gruppenraum

Spielidee
Paarweise sitzen die Kinder auf einer Matte und stellen sich vor, dass sie einen Ausflug in den Wald machen. Der Wald – das ist der Rücken des Partners. Schon auf dem Weg kann man die ersten Tiere antreffen:

- Zuerst einmal laufen ganz viele Ameisen über den Weg (mit den Fingerspitzen schnelle Bewegungen auf dem Rücken ausführen).
- Wir fegen sie vorsichtig vom Weg, damit wir nicht darauf treten (streichende Bewegungen mit beiden Händen).
- Über den Waldweg hüpft mit großen Sprüngen eine Heuschrecke (mit beiden Händen im Wechsel das Springen imitieren).
- Am Wegesrand haben sich einige Regenwürmer aus der Erde geschlängelt (mit dem Zeigefinger an Nacken und Schultern die schlängelnden Regenwürmer darstellen).
- Schnell huscht ein Eichhörnchen den Baumstamm hinauf (schnell huschende Bewegungen mit den Handflächen imitieren).
- Da kommt plötzlich ein Pferd angaloppiert (mit flachen Händen über den Rücken »galoppieren«).
- Die Ameisen laufen ganz nervös zurück in ihren Ameisenbau (schnelles Tippen mit den Fingerspitzen).
- Nun ist wieder Ruhe im Wald eingekehrt. Die Sonne scheint durch eine Lichtung auf den Waldboden und die Tiere haben sich zum Mittagsschlaf zurückgezogen (Handflächen auf den Rücken legen und eine Weile liegen lassen).

Hinweis

Die Rückengeschichten und Rückenmassagen sollten nicht nur wohltuend und entspannend wirken, sie sollten die Kinder auch zur Behutsamkeit im Umgang mit dem Partner anleiten. Die Berührungen sollten zwar spürbar sein, aber nicht weh tun. Nach jedem Spieldurchgang sollten die Rollen gewechselt werden, so dass jeder mal in die Rolle des »Aktiven« und in die des »Genießenden« kommt.

FANTASIEREISEN UND TRAUMSTUNDEN

114

■ Kinder lassen sich gerne auf Tagträume ein und können sich in ihrer Fantasie gut mit bestimmten Rollen identifizieren. Deswegen lassen sie sich meist auch gerne mitnehmen auf eine Fantasiereise oder in eine Traumstunde.

In den Fantasiereisen werden durch das Erzählen einer Geschichte Vorstellungsbilder, die auf das Kind entspannend wirken, hervorgerufen. Bevorzugt werden Situationen, die Kindern bekannt sind, wie z.b. ein Spaziergang auf der Wiese, im Wald oder am Meer, beschrieben. In den Pausen wird Raum gelassen für die individuellen Vorstellungen, die die Kinder mit der entsprechenden Situation verbinden. Die beim Erzählen entstehenden inneren Bilder sollen ein angenehmes Gefühl, Ruhe und Wohlbefinden erzeugen, das Abschalten von der momentanen Situation und das sich Einlassen auf die angegebenen Stimmungen tragen zur Entspannung bei.

Zwar ist die Geschichte, die den Kindern erzählt wird, für alle Kinder gleich, jedes Kind kann sie jedoch individuell weiterdenken. Die Erzieherin gibt Impulse, die die Vorstellung der Kinder leiten, sie lässt ihnen allerdings dann auch Zeit, damit sich die Fantasie entfalten kann und die Kinder die Geschichte in ihren Träumen und Gedanken weiterentwickeln können. Die Geschichten werden so erzählt, dass die Kinder sich die Szenen genau vorstellen können.

Zu den Fantasiegeschichten gehören z. B. die »Kapitän Nemo-Geschichten«, die von Petermann (1996, 2001) vorgestellt worden sind. Hier werden den Kindern Unterwassergeschichten von Kapitän Nemo erzählt, die sie in eine fantastische Welt führen; diese Welt ist durch ruhige Aktivitäten und durch sehr reduzierte äußere Reize charakterisiert. Die Bilder der Unterwasserwelt in diesen Geschichten lösen Entspannungsprozesse aus, die durch bewusste Informationen noch vertieft werden sollen. Sie haben das Ziel, ängstliche Erregung und motorische Unruhe abzubauen und gegen Angst und Stress zu helfen. Petermann berichtet, dass die entspannenden Bilder besonders effektiv sind, wenn sie in eine Handlung integriert werden. Die körperlichen Aktivitäten werden reduziert, die Bewegung und das Verhalten beruhigt. Auch die Hirnstromaktivitäten verändern sich (Petermann 2001, 18), so dass Aufmerksamkeit und Konzentration positiv beeinflusst werden.

Allerdings gelingt all dies nicht immer gleich beim ersten Mal. Alle Entspannungsverfahren bedürfen der Übung, um die gewünschten Effekte zu erzielen, sie müssen also häufiger eingesetzt, ja sogar regelmäßig durchgeführt werden.

Fantasiereise durch den Körper

Alter: ab 4 Jahre
Mitspieler: 6 – 8
Material: Matten oder Decken als Unterlage
Ort: Bewegungs- oder Gruppenraum

Bei dieser Fantasiereise nimmt die Erzieherin die Kinder mit auf einer Reise durch den Körper. Die Kinder liegen auf einer Matte oder einer Decke, sie haben die Augen geschlossen.
Das Erzählen der Geschichte kann mit leiser Entspannungsmusik begleitet werden.

Die Erzieherin spricht mit ruhiger Stimme:
*»Stell dir vor, du liegst im warmen, weichen Sand und spürst die Wärme der Sonne auf deiner Haut. Du hörst nur das leise Rauschen des Windes, sonst ist es ganz still um dich herum. Deine Hände lassen den Sand durch die Finger rieseln, er fühlt sich weich und zart an. Die Sonne scheint, sie berührt leise deine Arme und streicht über dein Gesicht. Du bist ganz ruhig und genießt, wie die Sonne deinen ganzen Körper wärmt, die Arme, den Bauch, deine Beine, auch die Füße spüren die Sonnenstrahlen und unter sich den weichen Sand. Du atmest ruhig und gleichmäßig, spürst, wie der Atem in den Körper strömt, und atmest tief aus, ein und aus.
Du fühlst dich ganz wohl, bist ganz ruhig und atmest tief ein und aus.«*

Hinweis
Geschichten ohne konkrete Handlungen sollten zunächst nur kurz sein, damit die Aufmerksamkeit der Kinder nicht überfordert wird.

Luftballonreise

Alter: ab 5 Jahre
Mitspieler: 8–10
Material: Matten oder Decken als Unterlage
Ort: Bewegungs- oder Gruppenraum

Im Anschluss an das Spielen mit einem Luftballon, das bei Kindern meistens mit vielen Bewegungsaktivitäten verbunden ist, kann diese Fantasiereise durchgeführt werden. Dazu liegen die Kinder auf einer Matte oder einer Decke, sie haben die Augen geschlossen. Das Erzählen der Geschichte kann mit leiser Entspannungsmusik begleitet werden.

Vorab kann die Erzieherin den Kindern noch folgenden Hinweis geben: Schließt die Augen, denn nur so könnt ihr nach innen schauen und werdet nicht von dem abgelenkt, was jetzt gerade um euch herum passiert.

Die Erzieherin erzählt:
»Stell dir vor, du bist ein schöner bunter Luftballon. Du liegst hier auf der Erde und bist noch ganz leer, noch nicht mit Luft gefüllt. Du atmest tief und gleichmäßig. Spüre, wie dein Atem in deinen Bauch strömt, wie sich deine Bauchdecke wölbt. Und jetzt puste die Luft durch den Mund oder die Nase wieder aus. Atme ganz tief und gleichmäßig, und spüre, wie die Luft den Luftballon immer größer werden lässt. Mit jedem Atemzug strömt mehr Luft in den Ballon, er wird größer und gleichzeitig auch leichter.
Jetzt ist der Luftballon ganz aufgeblasen, du fliegst vom Boden weg, schwebst in der Luft, bist ganz leicht und steigst immer höher. Die Türe ist offen und du wirst durch einen leichten Windstoß hinausgetragen.

Der Wind nimmt dich mit, du bist ganz leicht und lässt dich vom Wind tragen. Du siehst die Straßen und die Menschen von oben. Nun fliegst du über die Bäume hinweg, kannst die Dächer von den Häusern, die Wiesen und die Blumen nur noch von weitem sehen. Alles wird ganz klein und du steigst immer höher. Du begegnest einem Vogel, er zwitschert dir zu und du lächelst ihn freundlich an.
Der Wind trägt dich weiter, du fliegst an einer Wolke vorbei und steigst immer höher und höher, du spürst die wärmenden Strahlen der Sonne und der Wind bringt dir angenehme Kühlung.
Nun gibt dir der Wind eine neue Richtung, du spürst den Lufthauch und merkst, dass er dich wieder zurückbringt. Lass dich tragen, du brauchst gar nichts zu tun, der Wind bringt dich wieder zurück in deine Stadt. Du siehst schon wieder von oben die Dächer, den Kirchturm und den Kindergarten. Das Fenster des Kindergartens steht offen – und dahin lässt dich der Wind fliegen. Leicht schwebst du durch den Raum und landest sanft auf dem Boden. Hier ruhst du dich aus von deiner weiten Reise. Du atmest ganz tief aus und langsam entweicht auch wieder die Luft aus dem Ballon. Du wirst schwerer und kleiner, bei jedem Atemzug wirst du noch ein Stückchen kleiner, und jetzt liegst du ganz ruhig auf deiner Decke und ruhst dich aus.
Nun bewege langsam deine Hände, deine Arme, strecke sie weit von dir. Recke und strecke auch deine Füße und deine Beine, dehne und räkele dich, so wie wenn du morgens noch im Bett liegst und aufstehen willst. Jetzt bist du ganz wach und ausgeruht und richtest dich wieder auf. Du bist wieder hier bei uns im Raum und fühlst dich ganz frisch.«

Weitere Beispiele für Traumstunden, Fantasiereisen und Entspannungsgeschichten sind u. a. zu finden bei Friedrich/Friebel 1993, Krowatschek/Zusak 1996, Krowatschek 1997, Maschwitz 1999, Müller 1992, Seyferth 1999, Vopel 1998.

Literaturtipps

- Anders, Wolfgang (2001): Heute schon berührt?
  Körperkontakt in Entwicklung und Erziehung. Borgmann: Dortmund
- Bärwinkel, Angelika; Seitz, Hanne; Westphal, Kristin; Zachert, Dorothea (1994):
  Bewegungsspiele mit Kindern. Beltz: Weinheim
- Booth, Ralf (1998): Ich spanne meine Muskeln an, damit ich mich entspannen kann.
  Progressive Muskelrelaxation für Kinder. Kösel: München
- Brehmer, Christian (1994): Snoezelen. In: Zeitschrift für Heilpädagogik
- Breucker, Annette (1997): Schmusekissen – Kissenschlacht.
  Spiele zum Toben und Entspannen. Ökotopia: Münster
- Deister, Marion; Horn, Reinhard (1999): Streichelwiese.
  Ganzheitliche Körpererfahrung mit Kindern. Kontakte Musikverlag: Lippstadt
- Erkert, Andrea (1998): Inseln der Entspannung: Kinder kommen zur Ruhe
  mit 77 phantasievollen Entspannungsspielen. Ökotopia: Münster
- Friebel, Volker (1993): Wie Stille zum Erlebnis wird:
  Sinnes- und Entspannungsübungen im Kindergarten. Herder: Freiburg
- Friedrich, Sabine; Friebel, Volker (1998): Entspannung für Kinder.
  Rowohlt: Reinbek bei Hamburg
- Gruber, Christina; Rieger, Christiane (2002): Entspannung und Konzentration:
  meditieren mit Kindern. Kösel: München
- Gürtler, Norbert; Kammerer, Doro (1998): Stillwerden und entspannen.
  Herder: Freiburg
- Herdtweck, Waltraud (1998): Durch Bewegung zur Ruhe kommen.
  Modelle und Ideen aus der Rhythmik. Don Bosco: München
- Hoppe, Gabriela (1996): Mit Kindern meditieren. Don Bosco: München
- Horn, Reinhard; Horn, Werner (1997): Einmal Himmel und zurück. 13 musikalische
  Phantasiereisen für Kinder im Alter von 4-11 Jahren. Kontakte Musikverlag: Lippstadt
- Jacobson, Edmund (1994): Entspannung als Therapie:
  Progressive Relaxation in Theorie und Praxis. Pfeiffer bei Klett-Cotta: München
- Köckenberger, Helmut/Gaiser, Gudrun (1996): Sei doch endlich still.
  Borgmann: Dortmund
- Krowatschek, Dieter (1997): »Ich kann ruhig sein ...«:
  Übungen zur Entspannung von Kindern. Borgmann: Dortmund
- Krowatschek, Dieter; Zuzak, Ulrike (1996): Entspannung in Kindergarten
  und Grundschule. AOL-Verlag: Lichtenau
- Lendner-Fischer, Sylvia (1997): Bewegte Stille. Kösel: München

LITERATURTIPPS

- Maschwitz, Gerda u. Rüdiger (1998): Aus der Mitte malen – heilsame Mandalas. Kösel: München

- Maschwitz, Gerda (1999): Phantasiereisen zum Sinn des Lebens. Kösel: München

- Maschwitz, Rüdiger (2001): Hellwach und entspannt. Eutoniegeschichten für Kinder. Kösel: München

- Müller, Else (1992): Auf der Silberlichtstraße des Mondes. Fischer: Frankfurt am Main

- Müller, Else (1992): Du spürst unter deinen Füßen das Gras. Fischer: Frankfurt am Main

- Murphy-Witt, Monika (2000): Wie Zappelkinder ruhig werden. Spielerische Förderung für unruhige und hyperaktive Kinder. Christophorus: Freiburg

- Petermann, Ulrike (1996): Entspannungstechniken für Kinder und Jugendliche: ein Praxisbuch. Beltz: Weinheim

- Petermann, Ulrike (2001): Die Kapitän-Nemo-Geschichten. Herder: Freiburg

- Pirnay, L.: (1993) Kindgemäße Entspannung. Praxisbuch. Selbstverlag Lichtenbusch (Belgien)

- Portmann, Rosemarie; Schneider, Elisabeth (1986): Spiele zur Entspannung und Konzentration. Don Bosco: München

- Preuschoff, Gisela (1997): Kinder mit Mandalas zur Stille führen. Herder: Freiburg

- Rücker-Vogler, Ursula (2000): Yoga und Autogenes Training mit Kindern. Don Bosco Verlag: München

- Rücker-Vogler, Ursula (2000): Bewegen und Entspannen. Spiele und Übungen für Kinder. Ravensburger Buchverlag: Ravensburg

- Schönrade, Silke (2001): Kinderräume Kinderträume – oder wie Raumgestaltung im Kindergarten sinnvoll ist. Borgmann: Dortmund

- Schultz, I. H. (1973): Das autogene Training: konzentrative Selbstentspannung. Thieme: Stuttgart

- Seyfferth, Sabine (1999): Entspannte Kinder lernen besser. Herder: Freiburg

- Vahle, Fredrik (2001): Hupp Tsching Pau – Das Bewegungsliederbuch. Beltz: Weinheim

- Vaitl, Dieter & Petermann, F. (Hrsg.) (1993): Handbuch der Entspannungsverfahren. Band 1: Grundlagen und Methoden. Psychologie Verlags Union: Weinheim

LITERATURTIPPS

- Vopel, Klaus (1989): Kinder ohne Stress. (Kompendium, 5 Teile), Iskopress: Hamburg
- Vopel, Klaus W. (1998): Zauberladen. Phantasiereisen für kleine Kinder. Iskopress: Hamburg
- Wilmes-Mielenhausen, Brigitte (2001): Zeig mir, wo die Stille wohnt. Eltern und Kinder entdecken Wege der Entspannung. Christophorus: Freiburg
- Zimmer, Renate (1997): Sport und Spiel im Kindergarten. Meyer u. Meyer: Aachen
- Zimmer, Renate (1999): Sinneswerkstatt. Projekte zum ganzheitlichen Leben und Lernen. Herder: Freiburg
- Zimmer, Renate (2000): Kreative Bewegungsspiele. Psychomotorische Förderung im Kindergarten. Herder: Freiburg
- Zimmer, Renate (2001 a): Handbuch der Sinneswahrnehmung. Grundlagen einer ganzheitlichen Erziehung. Herder: Freiburg
- Zimmer, Renate (2001 b): Handbuch der Psychomotorik. Theorie und Praxis der psychomotorischen Förderung von Kindern. Herder: Freiburg
- Zimmer, Renate (2001 c): Alles über den Bewegungskindergarten. Herder: Freiburg
- Zimmer, Renate (2001 d): Was Kinder stark macht. Fähigkeiten wecken – Entwicklung fördern. Herder: Freiburg
- Zimmer, Renate (2002 a): Handbuch der Bewegungserziehung. Didaktisch – methodische Grundlagen und Ideen für die Praxis. Herder: Freiburg
- Zimmer, Renate (2002 b): Schafft die Stühle ab! Was Kinder durch Bewegung lernen. Herder: Freiburg
- Zimmer, Renate; Clausmeyer, Ingrid; Voges, Ludwig (1999): Tanz – Bewegung – Musik. Herder: Freiburg (mit Musikkassette)
- Zimmer, Renate; Vahle, Fredrik (2000): Ping Pong Pinguin. Spiel- und Bewegungslieder zur psychomotorischen Förderung. Herder: Freiburg (gleichnamige CD und MC sind erschienen bei Patmos)
- Zimmer, Renate; Hunger, Ina (Hrsg.) (2001): Kindheit in Bewegung. Hofmann: Schorndorf

Musik zur Entspannung
Musik zur Bewegung

124

A
Musikvorschläge für Entspannungsübungen und Fantasiereisen

Buntrock, Martin .... Gut zur Entspannung geeignet,
- Meer   atmosphärische Klänge, wirkt
- Traumreise   beruhigend
- Wolkenflug

Horn, Reinhard / Horn, Werner .... Gut geeignet als Klanghintergrund bei
- Entspannt in den   Fantasiereisen, Ruheritualen, Entspan-
  Kindergarten-Morgen   nungsübungen

Horn, Reinhard .... Ruhige instrumentale Musik,
- Snoezelen   gut geeignet für Traumreisen und
    Fantasiereisen

Horn, Reinhard / Horn, Werner .... Ruhige, entspannende Musik,
- Einmal Himmel und zurück   gut geeignet für Fantasiereisen und
    Meditationsübungen

Müller, Else / Dreier, Sabine .... Vorgelesenes Märchen und
- Auf der Silberlichtstraße   instrumentale Musik wechseln sich
  des Mondes. Autogenes Training   jeweils ab, gut für Kinder geeignet
  mit Märchen und Musik

Stein, Arnd .... Gut geeignet zur Entspannung
- Am Meer   und als Klanghintergrund
- Blumenwiese   bei Fantasiereisen, Melodien sind z. T.
- Elemente   mit Naturgeräuschen unterlegt
- Lebensfreude
- Traumreise

Vahle, Fredrik. .... Gut strukturierte, rhythmisierte Musik,
- Hupp Tsching Pau!   gut geeignet für Bewegungsangebote,
  Bewegungslieder   bei manchen Liedern ist ein Wechsel
    von Bewegungs- und Ruhephasen ent-
    halten

B
Musikvorschläge für bewegungsintensive Angebote

Hering, Wolfgang .... *Rhythmische, z. T. lebhafte Musikstücke,*
- Kunterbunte Bewegungshits   *Melodie und Texte sind gut in Bewegung umzusetzen*

Meusel, Waltraud .... *Gut strukturierte Lieder, Texte und*
- Rundadinella   *Melodien fordern zur Bewegung und zu szenischem Spiel heraus*

Hirler, Sabine .... *Rhythmisch gut strukturierte Lieder,*
- Kinder brauchen Musik,   *meist mit Texten*
  Spiel und Tanz

Metcalf, Robert .... *Gut geeignet ist insbesondere das Stück*
- Roberts Liederladen   *»Sitzen Sitzen Sitzen«*
                                      Lebhafte, rhythmisierte Musik,
                                      der Liedtext kann sofort in Bewegung umgesetzt werden

Vahle, Fredrik .... *Gut strukturierte, rhythmisierte Musik,*
- Hupp Tsching Pau!   *gut geeignet für Bewegungsangebote,*
  Bewegungslieder   *bei manchen Liedern ist ein Wechsel von Bewegungs- und Ruhephasen enthalten*

Vahle, Fredrik / Zimmer, Renate ...... *Abwechslungsreiche, gut strukturierte*
- Ping Pong Pinguin- Spiel   *Musik, Lieder mit unterschiedlicher*
  und Bewegungslieder   *Dynamik und verschiedenen Themen, gut geeignet für Bewegungsspiele, z. T. auch für ruhigere Spielideen*

Musik zur Entspannung
Musik zur Bewegung

B Musikvorschläge für bewegungsintensive Angebote

Trio Kunterbunt .... *Lieder mit konkreten Bewegungs-*
■ Purzelbaum und Kissenschlacht *aufgaben. Gut verständliche Texte und einprägsame Melodien, für Kinder gut geeignet*

Bücken, Eckart / Horn, Reinhard...... *Die meist sehr rhythmische Musik wirkt*
■ Spiele, Töne, Spaß und Lieder *animierend und fordert Kinder zur Bewegung aus. Themen aus unterschiedlichen Erfahrungsbereichen*

Hering, Wolfgang .... *Lieder zum Mitsingen und Zuhören;*
■ Spiel-Lieder mit Pfiff *einfache, einprägsame Melodien, die von Kindern gut in Bewegung umgesetzt werden können*

Jöcker, Detlef / Kleikamp, Lore .... *Wechsel zwischen ruhigen und*
■ Es geht mir gut! *lebhaften Musikstücken, gut in Bewegung umsetzbar*

Schmitz, Roby / Doelle, Hans .... *Die Instrumentaltitel sind gut*
■ Tiermusiken *geeignet, um mit Kindern Tierbewegungsformen zu üben*

Vahle, Fredrik...................... *Die Texte der Spiellieder sind*
■ Baumelbaum. *bewegungsanregend, aber auch*
Einfache Bewegungslieder *Entspannungseinheiten können durch sie begleitet werden*

Guem et Zaka Percussion .... *Sehr schnelle, stark rhythmisierte*
■ Le Chant du Monde *Trommelmusik. Für intensive Bewegungsspielideen geeignet*

Musik

Entwicklung

ErzieherInnen fördern Kinder

Die neue Reihe „ErzieherInnen fördern Kinder" hat zum Ziel, die unterschiedlichsten Fähigkeiten bei Kindern zu fördern, abgestimmt auf ihren individuellen Entwicklungsstand. Mit leicht umzusetzenden Spielideen werden Sie – und die Kinder – erleben wieviel Spaß Fördern machen kann.

Ingrid Biermann
Fischers Fritz und Schneiders scharfe Schere
Spielideen zur Sprachfördrung
96 Seiten, kartoniert
ISBN 3-451-27835-9

Bärbel Merthan
Ganz bei der Sache
Spielideen zur Konzentrationsförferung
96 Seiten, kartoniert
ISBN 3-451-27836-7

Unsere Bücher erhalten Sie in jeder Buchhandlung oder bei D+A: kindergarten heute Fachversand, Postfach 674, D-79006 Freiburg · CH: Herder AG Basel, Postfach, CH-4133 Pratteln 1

www.herder.de   **HERDER**

Bewegung

Bücher von Renate Zimmer

Renate Zimmer
Handbuch der Bewegungserziehung
224 Seiten, Pappband
ISBN 3-451-26906-6

Renate Zimmer stellt Ihnen hier ihr Konzept einer kindorientierten, in den Kindergartenalltag integrierten Bewegungserziehung vor und erläutert es an zahlreichen praktischen Beispielen. Ein anschauliches und praxisnahes Handbuch, das vor allem für die Aus- und Fortbildung von ErzieherInnen und sozialpädagogischen Fachkräften geeignet ist.

Renate Zimmer
Handbuch der Psychomotorik
272 Seiten, Pappband
ISBN 3-451-26621-0

Renate Zimmer hat ein überzeugendes und in der Praxis bereits erprobtes Konzept psychomotorischer Entwicklungsförderung erstellt. Das vorliegende Handbuch stellt Ihnen die theoretischen Grundlagen dieses Konzeptes vor und gibt praktische, gut umsetzbare Anregungen für die Gestaltung psychomotorischer Fördermaßnahmen.

Unsere Bücher erhalten Sie in jeder Buchhandlung oder bei D+A: kindergarten heute Fachversand, Postfach 674, D-79006 Freiburg · CH: Herder AG Basel, Postfach, CH-4133 Pratteln 1

www.herder.de

HERDER